Jakob von Uexküll
**Zukunft gestalten:
JETZT**

EVROPA

Jakob von Uexküll, Initiator und Stifter des *Alternativen Nobelpreises* (The Right Livelihood Award, 1980) und Gründer des *Weltzukunftsrats* (World Future Council. Voice of future generations, 2007), setzt sich für verantwortungsvolles, nachhaltiges Denken und Handeln ein – immer mit dem Blick auf zukünftige Generationen. Er war Mitgründer von *The Other Economic Summit* (Alternativer Weltwirtschaftsgipfel), Mitglied des Europäischen Parlaments (1987-89) sowie des Aufsichtsrats von Greenpeace Deutschland und Berater von *Transparency International*. Er ist Schirmherr von *Friends of the Earth International* und hält weltweit Vorträge zu den Themen Umwelt, Gerechtigkeit, Wirtschaft und Frieden.

Er ist Träger des Salzburger Landespreises für Zukunftsforschung (1999), des Mariana-Ordens der Republik Estland (2001), des Großen Binding Preises für den Schutz von Natur und Umwelt (2006) und des Bundesverdienstkreuzes 1. Klasse der Bundesrepublik Deutschland (2009). 2005 wurde er vom *Time Magazine* als „European Hero" geehrt und 2008 von der Erich-Fromm-Gesellschaft für sein zukunftsorientiertes Engagement ausgezeichnet. Zu seinen Publikationen zählen „Die Zukunft gestalten – World Future Council: Die Aufgaben des Weltzukunftsrates" (2005) und „Das sind wir unsern Kindern schuldig" (2007/2012).

Jakob von Uexküll
Zukunft gestalten: JETZT

CEP Europäische Verlagsanstalt

Bibliografische Information der Deutschen Nationalbibliothek
Die Deutsche Nationalbibliothek verzeichnet diese Publikation in der
Deutschen Nationalbibliografie; detaillierte bibliografische Daten sind
im Internet über http://dnb.d-nb.de abrufbar.

© CEP Europäische Verlagsanstalt GmbH, Hamburg 2017

Signet: Dorothee Wallner nach Caspar Neher »Europa«, 1945

Umschlaggestaltung und Satz: Susanne Schmidt, Leipzig

Coverabbildung: © shutterstock

Alle Rechte, insbesondere das Recht der Übersetzung, Vervielfältigung (auch fotomechanisch), der elektronischen Speicherung auf einem Datenträger oder in einer Datenbank, der körperlichen und unkörperlichen Wiedergabe (auch am Bildschirm, auch auf dem Weg der Datenübertragung) vorbehalten.

Printed in Germany

ISBN 978-3-86393-083-7

Auch als e-book erhältlich: ISBN 978-3-86393-545-0

Informationen zu unserem Verlagsprogramm finden Sie im Internet
unter www.europaeische-verlagsanstalt.de

Inhalt

Vorwort von Auma Obama 9

Menschen von Morgen 15

Die Zukunft gestalten 27

Die Rolle Europas 43

Die Rückeroberung der Zukunft 53

China am Scheideweg:
zwischen unökonomischem Wachstum
und ökologischer Zivilisation 61

Die Zukunft der Städte 83

Wissenschaft und Spiritualität:
Beobachtungen vom Schlachtfeld 91

Digitale Welten 103

Die Verantwortung der Richter 113

Zeit der Konsequenzen 123

Jakob von Uexküll im Interview 135

Ausblick	**165**
Dokumentationen	
World Future Council –	
Der Weltzukunftsrat	**179**
The Right Livelihood Award –	
Der „Alternative Nobelpreis"	**203**
Quellennachweis	**212**
Bildnachweis	**214**

Wir müssen jetzt entscheiden, ob wir Teil des Problems oder Teil der Lösung sein wollen.

Auma Obama ist Gründerin und Vorstandsvorsitzende der Sauti Kuu Foundation, sowie Mitglied des Weltzukunftsrates, der sich weltweit für ein verantwortungsvolles, nachhaltiges Denken und Handeln im Sinne zukünftiger Generationen einsetzt.

Auma Obama, die in Bayreuth promoviert hat, setzt sich in ihrer kenianischen Heimat als Initiatorin und Vorstandvorsitzende der Sauti Kuu Foundation für die Selbstbestimmung von Kindern und Jugendlichen ein. Sie ist Autorin und eine weltweit gefragte Rednerin zu Nachhaltigkeitsthemen. Ihre Autobiographie „Das Leben kommt immer dazwischen" erschien 2010.

Auma Obama ist die Schwester des ehemaligen US-Präsidenten Barack Obama.

Auma Obama
Vorwort

Jakob von Uexküll ist vieles: Aktivist, Umweltschützer, Philanthrop, Politiker, Ökonom und Philosoph.

Aber vor allem anderen ist Jakob von Uexküll ein Advokat zukünftiger Generationen. Im Zentrum seiner unermüdlichen Arbeit und Appelle weltweit und bei den verschiedensten Gelegenheiten steht als oberstes Ziel die Bewahrung und Erhaltung unserer Erde für künftige Generationen. Sein Vorwurf: „Nach wie vor sehen wir seelenruhig dabei zu, wie die Lebensgrundlage unserer Kinder zerstört wird".

Seine Kritik gilt einer Welt, die Geldpolitik und ein profitorientiertes ökonomisches System mit sinnlosem Konsum und sofortiger Bedürfnisbefriedigung vor die Bewahrung und den Schutz unseres Lebensraums stellt.

Für unsere Kinder und Kindeskinder, so Jakob von Uexküll, ist es wichtig, dass wir unser Verhalten ändern und mehr Verantwortung für unsere Umwelt übernehmen. Das ist nicht nur ein Anspruch, sondern eine Pflicht, weil die Welt, im Gegensatz zu einer ökonomischen, eine ökologische Krise nicht überstehen wird. Eine wirtschaftliche Krise kann durch Rettungspakete und Verhandlungen gesteuert und ggf. rückgängig gemacht werden. Mit der Natur kann aber nicht verhandelt werden, damit entstandene Schäden rückgängig gemacht werden. Die Tragik dabei ist, dass wir ja wissen, was zu tun ist, wir es dennoch nicht tun.

Warum wollen wir nach wie vor mit Problemen leben, von denen wir wissen, dass sie zu lösen sind? Und warum fragen wir nur nach dem *Warum* und nicht nach dem *Wie* wir diese Situation ändern können? Passiv und handlungsschwach bewahren wir einen Zustand, der die Umwelt ausplündert und unsere Existenz gefährdet. Genau das ist es, was Jakob von Uexküll bekämpft.

Seine Lebensaufgabe ist es, Plattform und Forum zu schaffen für bürgerliches Engagement, für Partizipation und Wissensvermittlung – die einzigen Garanten für die Bewahrung unseres Planeten.

Von Uexküll appelliert an unser Verantwortungsgefühl, nicht nur für uns, sondern auch für zukünftige Generationen. Unser Selbsterhaltungstrieb muss über unsere Generation hinaus für unsere Kinder und deren Nachkommen gelten. Insofern reicht es nicht aus, sich darauf zu verlassen, dass die Politik das schon richten wird. Wir sind es, die es als unsere vordinglichste Aufgabe ansehen müssen, die Welt zu erhalten. Jeder Einzelne muss die Verantwortung übernehmen, dass zukünftigen Generationen, wenn nicht eine bessere, dann zumindest eine intakte Erde übergeben wird.

Zu diesem Zweck hat Jakob von Uexküll zwei hoch angesehene Institutionen, die renommierte Preise vergeben, ins Leben gerufen; den Right Livelihood Award (auch bekannt als Alternativer Nobelpreis) und den Weltzukunftsrat (World Future Council) mit dem Future Policy Award.

Mit dem Future Policy Award werden Gesetze ausgezeichnet, die Lösungen für die dringendsten Probleme und Herausforderungen, wie Umweltzerstörung, Klimawandel, Kriege und Gewalttaten, sowie bittere Armut, gefunden haben und zum Schutz der Menschheit und Bewahrung des Planeten Erde umsetzen – Gesetze, die bessere Lebensbedingungen für heutige und künftige Generationen fördern.

Jakob von Uexküll nennt die Preisträger des „Alternativen Nobelpreises", der jedes Jahr in Stockholm vergeben wird, ‚Messengers of Hope'. Sie sind Umweltschützer, Friedenskämpfer, und

Menschenrechtsaktivisten. Sie reden oder schreiben nicht nur über ihre jeweiligen „Projekte der Hoffnung", sie leben sie. Und sie kommen nicht nur aus dem industrialisierten Westen, sondern von überall auf der Welt, meistens aus nicht-industrialisierten Ländern, und insbesondere aus den sogenannten Entwicklungsländern. Ihre Konzepte und Lösungen sind von großer Bedeutung, denn sie schaffen eine Verbesserung der Lebensbedingungen der armen Mehrheit der Weltbevölkerung.

Der Preis verschafft ihnen und ihren Projekten eine breite Öffentlichkeit und ihre Arbeit wird international gewürdigt. Diese Anerkennung bewahrt sie davor, ignoriert oder bekämpft zu werden.

Mit dem Augenmerk auf die nicht-industrialisierten Länder fordert Jakob von Uexküll den Status quo des westlichen Blicks auf die Dinge heraus, um auch insbesondere in den Ländern des Südens nach Lösungen zu suchen. Damit will er dafür sorgen, dass die industrialisierte Welt die restliche Welt nicht ignorieren kann. In der globalisierten Welt von heute können wir nur gemeinsam die Herausforderungen und Probleme meistern, da sie uns alle gleichermaßen betreffen.

Insofern ist Jakob von Uexküll ein echter Vorreiter. So wurde bereits am 10. Dezember 2004 die Menschenrechtsaktivistin Wangari Maathai von Jakob von Uexküll mit dem Alternativen Nobelpreis für ihre Projekte zum Erhalt des afrikanischen Waldes ausgezeichnet. Erst 20 Jahre später erhielt sie für diese Kampagne den Friedensnobelpreis – den renommiertesten Preis der Welt.

Mit seinem Anspruch, sich nicht damit zufrieden zu geben, dass man weiß, was falsch läuft, jedoch nichts dagegen unternimmt, fordert von Uexküll jeden Einzelnen von uns heraus, sich zu engagieren.

Doch weiß er auch, wie wichtig eine gute Gesetzgebung ist, um vorhandene Lösungen zum Schutz und Erhalt des ökologischen

Systems und somit des Lebens heutiger und zukünftiger Generationen abzusichern. Deshalb hat der Ende 2007 von ihm und Herbert Girardet gegründete Weltzukunftsrat gerade die Aufgabe sich mit einem Zusammenschluss von Bürgerrechtlern, Politikern, Akademikern, Humanisten und privat und öffentlich engagierten Menschen sowohl dafür einzusetzen, dass weltweit die besten politischen Konzepte zur Anwendung kommen, wie auch daran zu arbeiten, dass die Themen, die entscheidend für das Leben und Überleben zukünftiger Generationen sind, entsprechend in politischen und gesellschaftlichen Entscheidungsprozessen verankert werden.

Der Weltzukunftsrat versteht sich als Stimme, Advokat und Fürsprecher zukünftiger Generationen weltweit. Sein Mandat ist es, durch verantwortungsvolles und nachhaltiges Handeln effektive und nachhaltige politische Konzepte zu verbreiten und sich für deren Umsetzung einzusetzen. Er ist verpflichtet, dafür zu sorgen, dass die Politik das Universalrecht der nächsten Generationen, unter gerechten und friedlichen Lebensbedingungen in einer gesunden Umwelt aufzuwachsen, sicherstellt.

Wie Jakob von Uexküll müssen sich alle engagieren. Unsere aktive Teilhabe am Schutz unserer Umwelt ist nicht verhandelbar. Diese Tatsache wird weltweit mehr und mehr zur Kenntnis genommen. Unermüdlich reist Jakob von Uexküll um die Welt, um mit Reden und Vorträgen diese Botschaft zu vermitteln und zu verbreiten. Für viele Organisationen, Think Tanks, politische Parteien und Regierungen ist er zur Instanz geworden, wenn es um Fragen des Klimawandels und nachhaltigen ökonomischen Wachstums geht. Von sich sagt von Uexküll: „Wenn ich den Zustand der Welt betrachte, werde ich ungeduldig, aber ich bin auch ein Possibilist, denn ich sehe die Möglichkeiten, das Potential, das wir haben. Und dann bin ich überzeugt, dass es gelingen kann, dass wir die Welt noch retten können, solange wir es nur richtig machen."

Jakob von Uexküll macht es richtig. Machen wir mit, damit eine bessere Zukunft für unsere Kinder und Kindeskinder einigermaßen gesichert sein kann.

Future Policy Award 2015 – Gold:
Sansibars Kindergesetz, Vereinigte Republik Tansania, 2011

2015 wurde Sansibars wegweisendes Kindergesetz mit dem Future Policy Award ausgezeichnet. Es legt die Grundlage für ein koordiniertes Kinderschutzsystem, um die Rechte von Kindern zu stärken. Es reagiert auf Gewalt und Missbrauch und regelt Sorgerecht, Pflegeelternschaft und Vormundschaft und legt die Verantwortlichkeit von Fachleuten und Institutionen bei der Bereitstellung von Dienstleistungen für den Schutz von Kindern fest. Seit seiner Einführung im Jahr 2011 hat dieses Gesetz die Position von Kindern in Sansibars Gesellschaft spürbar gestärkt.

Im Rahmen einer partizipativ entwickelten 5-jährigen Kinderrechts-Reformstrategie wurden u. a. regionale und nationale Kinderräte, spezialisierte Kindergerichtshöfe und Polizeistationen mit geschulten Ansprechpersonen für von Gewalt betroffene Kinder und Frauen eingerichtet.

Menschen von Morgen

Warum leben wir mit Problemen, die wir lösen können? Die Antworten sind entweder resignativ und pessimistisch (zu spät) oder naiv-optimistisch (die da oben oder irgendeine Erfindung werden uns noch retten). Beide Haltungen sind bequem aber unverantwortlich: Man wird ja nicht gefordert.

Ist es aber nicht wirklich schon zu spät? Es ist in der Tat sehr spät, und wir haben in den letzten Jahrzehnten viel Zeit verloren. Aber ich bin überzeugt, dass wir noch die Chance haben, den Klimawandel – die umfassendste Bedrohung weltweit – global zu begrenzen, auch wenn einige Regionen der Welt zunehmend unbewohnbar werden. Dies erfordert jedoch auf vielen Gebieten Umsteuerung und eine bespiellose Mobilisierung, und zwar in den nächsten Jahren und nicht in Jahrzehnten.

Ist das nicht vollkommen illusorisch? Nein, denn unsere Energie-Versorgung können wir schon mit heute bekannten Technologien zu 100 % mit erneuerbaren Energien decken. Der Wille dazu ist, wie ich aus persönlichen Gesprächen weiß, auch bei der chinesischen Regierung an höchster Stelle vorhanden, sodass unsere Regierungen sich nicht mehr mit dem Hinweis auf China vor der eigenen Verantwortung drücken können!

Wir tragen heute die Verantwortung für die Lebensgrundlage aller zukünftigen Generationen, denn unsere Entscheidungen (oder eben Nicht-Entscheidungen!) werden über ihre Lebensqualität, vermutlich sogar über ihr Überleben entscheiden. Nie zuvor hatten menschliche Entscheidungen solch tiefgreifende und langfristige Konsequenzen.

Ernst Bloch, der Philosoph der Hoffnung, sagte, der Preis des menschlichen freien Willens sei das Risiko, dass der große historische Augenblick auf ein zu kleines Menschengeschlecht trifft, das der Aufgabe nicht gewachsen ist. Ob das so sein wird, liegt jetzt an jedem von uns.

Der Klimawandel ist nicht unsere einzige Herausforderung. Auch die Zerstörung der Artenvielfalt, die beispiellose Versäuerung der Meere, die zunehmende Erosion von Ackerland und die Verknappung wichtiger Naturgüter bedrohen die Zukunft.

Ich bezeichne mich trotzdem als „Possibilist", weil ich weiß, dass viele Lösungen nicht nur existieren, sondern sich sehr schnell verbreiten können.

Seit mehr als 35 Jahren zeigt der Alternative Nobelpreis, was einzelne Menschen und Initiativen erreichen können. Ein Preisträger von 2013, der Schweizer Dr. Hans Herren, hat – nachdem die „modernen" Methoden versagten – mit seiner biologischen Schädlingsbekämpfung zur Rettung der Maniok-Wurzel in Afrika nach UN-Schätzungen mindestens 20 Millionen Menschen vor dem Hungertod gerettet. Er ist einer von inzwischen weit über hundert Preisträgern.

Bereits vor zehn Jahren wurde mir allerdings auch klar, dass die Unterstützung solcher „best practice"-Lösungen – Projekte der Hoffnung, wie sie oft genannt werden – noch nicht ausreicht, um eine rechtzeitige Wende zu erreichen. Die herrschenden Institutionen sind zu unbeweglich und die derzeitigen Handlungsanreize falsch, ja pervers, um diesen Lösungen den nötigen Durchbruch zu ermöglichen.

Denn Menschen, Gesellschaften, Märkte, wie auch wissenschaftliche und technische Innovationen entwickeln sich nicht in einem Vakuum, sondern reagieren auf die Anreize, die sie umgeben, und besonders schnell auf gesetzliche und regulatorische Rahmenbedingungen.

Schon Aristoteles wusste, dass eine gute Gesellschaft auf guten Gesetzen gebaut ist, und Sokrates empfahl, wer etwas Langfristiges schaffen wolle, solle entweder Gedichte schreiben oder Gesetze. Daher habe ich 2007 den World Future Council (WFC) gegründet, ein Rat, der weltweit die erfolgreichsten nationalen und regionalen Gesetze und Regelungen identifiziert und verbreiten hilft.

Mir fiel vor zehn Jahren z. B. auf, dass Großbritannien, obwohl es dort aufgrund der Insellage viel mehr Wind als in Deutschland gibt, nur einen Bruchteil der deutschen Windenergieleistung hatte, weil ein guter gesetzlicher Anreiz, wie ein Energie-Einspeise-Gesetz, fehlte. Der WFC hat britische Parlamentarier darüber informiert und sie überzeugt: Großbritannien hat jetzt ein Einspeisegesetz und dadurch u. a. auch eine zusätzliche solare Photovoltaik-Produktion, die ca. 4 AKW entspricht.

Der WFC ist heute eine der Top-Referenzen für wirksame Einspeisegesetze zur Förderung erneuerbarer Energien weltweit. Mit unserer Arbeit haben wir wesentlich dazu beigetragen, dass bereits mehr als 60 Länder entsprechende Gesetze erlassen und dadurch die Nutzung erneuerbarer Energien erfolgreich gefördert haben. In über 30 parlamentarischen Anhörungen und Strategie-Workshops in Ländern wie Deutschland, den USA, den Arabischen Emiraten, Südafrika, Botswana, Ghana, Marokko, England, Schweden, Frankreich und Polen haben wir Entscheidungsträger intensiv mit den Herausforderungen und Chancen in diesem Bereich konfrontiert. Unser Ziel ist es, Städte, Gemeinden und Regionen in einem internationalen 100 %-erneuerbare-Energie-Netzwerk zusammenzubringen.

Um solche exemplarischen Gesetze verbreiten zu helfen, hat der WFC den Future Policy Award gegründet.

> Der **Future Policy Award** ist der erste Preis, der Gesetze und nicht Personen auf internationaler Ebene auszeichnet. Ziel des Preises ist es, gute Gesetze weltweit bekannt zu machen. Jedes Jahr wählen wir ein Politikfeld aus, in dem innovative Lösungen besonders wichtig sind. Dieser Preis wird seit 2009 jedes Jahr zu einem anderen Thema verliehen:
>
> 2015 für Kinderrechte,
>
> 2014 für die Beendigung von Gewalt gegen Frauen und Mädchen,
>
> 2013 für Abrüstung,
>
> 2012 für Ozean- und Küstenschutz,
>
> 2011 für den Schutz von Wäldern,
>
> 2010 für den Erhalt von Biodiversität und
>
> 2009 für Nahrungssicherheit.

Das 2009 ausgezeichnete Gesetz aus der brasilianischen Stadt Belo Horizonte garantiert jedem Bewohner eine gesunde Mahlzeit pro Tag und kostet 2 % des städtischen Budgets. Dadurch wurde die Kindersterblichkeit um 60 % gesenkt. Wir arbeiten zurzeit daran, dass dieses Gesetz in Namibia und anderen afrikanischen Ländern eingeführt wird.

Die großen Herausforderungen von heute sind untrennbar miteinander verbunden und müssen daher „zusammengedacht" werden, d. h. wir brauchen übergreifende, kohärente Lösungen und Anreize.

Das erfordert ein Umdenken auch bei NGOs, den Nichtregierungsorganisationen, Stiftungen und Spendern, die gewohnt sind, sich auf ihre jeweiligen Themenbereiche zu fokussieren. Hier könnten wir von unseren Gegnern lernen, denn die arbeiten für die Bewahrung ihrer Privilegien langfristig und koordiniert zusammen und unterstützen sich gegenseitig. Auch wenn in der

Zivilgesellschaft viel von Solidarität geredet wird, herrscht dort oft ein kontraproduktiver Konkurrenzkampf.

Als Diskussionsgrundlage für ein solches „Zusammendenken" und Handeln hat der WFC einen Globalen Politik-Aktionsplan erarbeitet, in dem die dringendsten Reformvorschläge zu verschiedenen Themen vereint sind.

Der Globale Politik-Aktionsplan (engl. GPACT) ist eine Sammlung von 22 verknüpften und bewährten politischen Reformen, die auf eine nachhaltige, gerechte und friedliche Welt hinarbeiten und so die Umsetzung der globalen Nachhaltigkeitsziele der Vereinten Nationen fördern. Die innovativen und praxisnahen Lösungen des Globalen Politik-Aktionsplans stellen ein Minimum an Maßnahmen dar, die zur Erhaltung der Umwelt und für den Schutz der Rechte zukünftiger Generationen notwendig sind.

Es geht hier nicht um eine Auflistung von Problemen und Visionen, sondern darum, die Politik-Ecksteine für eine Richtungsänderung zu identifizieren: Was sind die notwendigen Handlungsanreize zur Schaffung einer Welt, in der die Lösungen schneller zur Hand sind als die Probleme wachsen?

Viele dieser Vorschläge sind auf ihren Gebieten schon bekannt. Aber neu ist, ihre Verbindung herzustellen. So hat der Weltzukunftsrat die erste Studie veröffentlicht, die den Zusammenhang zwischen der wachsenden Klimakatastrophe, Wasserknappheit und Bedrohung durch Nuklearwaffen darlegt.

Wie viel gefährlicher wird zum Beispiel ein atombewaffnetes Pakistan, wenn dort die Gletscher geschmolzen sind und das Trinkwasser ausgeht? Werden seine Generäle uns mit der Drohung, Atomwaffen einzusetzen, dazu zwingen, hundert Millionen Umweltflüchtlinge in Europa aufzunehmen?

Wie wird sich die Rechtslage entwickeln? Denn die wissenschaftlichen Beweise für den ursächlichen Zusammenhang von

CO_2-Emissionen, Klimawandel und abnormalem Wetter werden immer stärker.

Der überwiegende Teil unserer Politiker hat offensichtlich grundlegende Risiko- und Gefahrenhierarchien nicht begriffen.

Selbst der schlimmste ökonomische Kollaps ist nach einigen Jahren überwunden, während aber die Folgen eines Umweltbankrotts Jahrtausende (oder ewig) dauern können.

Noch immer wird jeder ernsthafte Reformvorschlag mit dem Argument abgewürgt, es sei dafür kein Geld da. Wir verschwenden zurzeit Billionen durch eine politisch erzeugte künstliche „Austerität", die hunderte von Millionen Menschen arbeitslos macht. Würden diese – zusammen mit brachliegenden Produktionsmitteln – für den globalen Ausbau der erneuerbaren Energien und einen ökologischen Umbau unserer Produktionssysteme eingesetzt, hätten wir gleich zwei Herausforderungen gelöst, die ökologische und die soziale. Die Kosten der erzwungenen Austerität, d. h. der Nichtnutzung dieser Möglichkeiten, hat der WFC mit mindestens 2,3 Billionen US-Dollar jährlich berechnet.

Es wird behauptet, der Markt könne diese Herausforderungen am effizientesten lösen, aber welcher Markt? Pavan Sukhdev, früher Deutsche Bank, jetzt beim Umweltprogramm der Vereinten Nationen (UNEP), Mitglied vom World Future Council, schreibt in seinem Buch *Corporation 2020*, dass es auf dem Energie-Sektor auf Grund der enormen Subventionen für fossile Brennstoffe gar keinen funktionierenden Markt gebe.

Die Externalisierung, also die Abwälzung von Produktionskosten auf die Um- und Nachwelt, ist unlauterer Markt-Wettbewerb und Betrug durch Vorspiegelung falscher Tatsachen und sollte verboten werden. Eine sofortige Beendigung dieser Marktverzerrung, würde aber die meisten Produzenten ruinieren. Daher muss der Realwirtschaft finanziell geholfen werden, ihre Produktion nach dem Kreislaufmodell umzustellen. Dies kostet natürlich kurzfristig etwas, spart aber langfristig sehr viel – denn die tägliche Nicht-Nutzung potentieller erneuerbarer Energien verschwendet enormes Naturkapital. Stattdessen verbrennen wir wertvolle fossile Rohstoffe, die dadurch für die petrochemische Industrie in Zukunft verloren sind.

Eine weitere Finanzierungsquelle sind die Billionen jährlicher Rüstungsausgaben, die – ginge es nach rationalen Kriterien – schon längst für die Bekämpfung der größten Bedrohung unserer Sicherheit, den Klimawandel, umgewidmet worden wären.

Und dann haben wir noch das absurde Finanzsystem, das unsere Regierungen zwingt, Geld für wichtige Zukunftsaufgaben gegen Zins von privaten Banken zu leihen, statt es zinslos von der Zentralbank zur Verfügung gestellt zu bekommen. Dies, behaupten Ökonomen, würde zu einer Hyperinflation wie in der Weimarer Republik in den 1920ern oder kürzlich in Zimbabwe führen. Auch das ist ideologischer Unsinn; denn damals brach die Produktion zusammen. Neues Geld gegen neue Leistung, d. h. die Produktion von neuen Waren und Dienstleistungen mit ungenutzten Produktionsmitteln, ist aber nicht inflationär.

Unsere Politiker und Ökonomen gehen davon aus, dass Wachstum wiederkommt, egal was wächst. Sie haben nicht verstanden, dass wir schon längst unwirtschaftliches Wachstum haben, das seine eigenen Voraussetzungen verzehrt.

Es geht jetzt um die Wiedereroberung unseres Selbst als mündige Bürger, es geht um das Erwachen aus dem kindischen Traum von einer globalen Konsumkultur, der permanenten Unreife, Unzufriedenheit und Unverantwortlichkeit.

Die alten Israeliten hatten das Wort *hochma* für die Wissenschaft des Herzens, für die Fähigkeit zu fühlen und zu handeln, als ob die Zukunft von jedem von uns abhängen würde. Im alten

Athen wurde der politisch engagierte Bürger ein „Polites" genannt. Wer nicht am öffentlich-politischen Leben teilnahm, wurde als ein „Idiotes" bezeichnet.

Ohne uns kollektiv politisch zu engagieren, ob lokal, regional, national oder international, wird es nicht gehen.

Wie schnell unsere Zivilisation zusammenbrechen kann, zeigte sich in New Orleans nach dem Hurrikan Katrina, als die abgeworfenen Trinkwasservorräte von kräftigen Männern ausgetrunken wurden, während Kinder, Frauen und alte Menschen leer ausgingen.

Unsere Kinder erwarten, dass wir jetzt aktiv werden. Eine Journalistin bei der konservativen Londoner *Sunday Times* schrieb, als der neue UN-Klimabericht erschien, habe kein Erwachsener sie darauf angesprochen, wohl aber ihr 9-jähriger Sohn.

Die Grundfrage ist heute nicht, wie viel Menschlichkeit, wie viel Umwelt und Kultur wir uns ökonomisch leisten können, sondern welches ökonomische System wir uns menschlich, ökologisch und kulturell leisten können. Die Wachstumsraten, auf denen unser derzeitiger Lebensstandard beruht, sind auf einem enormen Schuldenberg gebaut, der zu Lasten unserer Umwelt und zukünftiger Generationen geht. Wir haben seit Jahrzehnten viel mehr Forderungen gegenüber zukünftigem Wohlstand aufgebaut, als wir tatsächlich Wohlstand geschaffen haben. Hier wird es auch bei uns einen großen Schuldenschnitt geben müssen.

Finanz-Experten schätzen, dass 80 % der Werte von Investment-Fonds auf der Erwartung zukünftiger Kapitalflüsse basiert. Eine Klimakatastrophe wird diese Werte schnell vernichten.

Was können wir tun? Einige Anregungen:
1. Glauben Sie nicht, dass Sie die Welt nicht verändern können: Die Welt verändert sich täglich und Sie wissen nur noch

nicht, welche Rolle Sie dabei spielen können. Informieren Sie sich daher über Lösungen, z. B. auf den Webseiten vom World Future Council und Right Livelihood Award (Alternativer Nobelpreis). Setzen Sie sich privat und öffentlich für ihre Umsetzung und Verbreitung ein, z. B. für eine Vertretung der Rechte zukünftiger Generationen auf allen Ebenen, und dafür, dass Schüler, Studenten und besonders Absolventen von Business-Schulen, Ökonomen und Kandidaten für politische Ämter „eco-literacy", d. h. eine ökologische Bildung vorweisen müssen.

2. Lernen Sie, wie Geld geschaffen wird: Im Mittelalter wurden Machtdiskussionen mit der Kirche nur auf Latein geführt. Heute müssen wir Finanz-Latein lernen, denn in einer Welt, die von Geld regiert wird, machen wir uns machtlos, wenn wir auf diesem Gebiet nicht mitreden können.

3. Wagen Sie auch Konflikte: Jesus hat mit den Geldwechslern im Tempel bekanntlich nicht verhandelt, er hat sie hinausgeworfen.

4. Lassen Sie sich nicht abschrecken, wenn Sie die neuen Medien nicht beherrschen: Ich hielt in Berlin eine Rede vor Jugendlichen aus 36 Ländern und bekam anschließend ein sehr positives Echo. Eine ältere Teilnehmerin sagte daraufhin erstaunt: „Aber Sie waren doch der Einzige, der kein PowerPoint benutzt hat!"

5. Bereiten Sie sich auf die bevorstehende moralische Weltrevolution vor, vergleichbar mit der Abschaffung der Sklaverei, auf der unsere damalige Wirtschaft basierte. Die kommende

nachhaltige Weltordnung wird sehr vielfältig sein, denn es gibt keine Grenzen menschlichen Lernens, wie der *Club of Rome* schon vor 40 Jahren schrieb.

Vor noch gar nicht langer Zeit musste man in Deutschland Leben riskieren, um Krieg und Barbarei zu überwinden und die Zukunft seiner Kinder zu sichern. Heute werden uns keine solchen Opfer abverlangt! Die Risiken für unsere gemeinsame Zukunft sind jetzt anderer Art. Aber sie verlangen ein Umdenken, neue Bündnisse und Partnerschaften. Der World Future Council ist ein solches Bündnis von Vertretern der Zivilgesellschaft, der Wirtschaft, der Politik, der Wissenschaften und der Kunst.

- Die drohenden unumkehrbaren „tipping-points", die jetzt alle unsere Errungenschaften und Pläne gefährden, verlangen engagiertes Handeln, wenn wir nicht wollen, dass unsere Kinder und Enkel uns als egoistische Verbrecher bzw. Ignoranten sehen werden, die die Risiken nicht begriffen hatten. Denn geschmolzene Gletscher kann man nicht mehr reparieren und für Trinkwasser gibt es keinen Ersatz.

- Die Ewiggestrigen, die ihre Privilegien auch auf Kosten unserer Kinder bewahren wollen, haben mit ihren Spenden u. a. dafür gesorgt, dass im mächtigen US-Senat jetzt der Umwelt-Ausschuss einen Vorsitzenden hat, der Klimawissenschaftler mit Bibelzitaten zu widerlegen versucht, und einen Senats-Präsidenten, dessen Motto „Gewehre, Freiheit und Kohle" ist – in dieser Reihenfolge!

- Unsere Kinder vertrauen darauf, dass wir jetzt ernst machen. Unser Handeln wird zeigen, ob wir dieses Vertrauen verdienen oder verraten werden, wie in Ruanda vor 20 Jahren, wo auf dem Gedenkstein für einen ermordeten 10-Jährigen, der Arzt werden wollte, seine letzten herzzerreißenden Worte stehen: „Die UNO wird kommen und uns retten!"

10. World Future Forum 2017 in Bregenz: weltweit führende Fachleute aus Wissenschaft, Wirtschaft und Kultur erarbeiten Lösungsstrategien für die Probleme unserer Zeit.

Die Zukunft gestalten

Wir stehen zurzeit vor noch nie dagewesenen Herausforderungen. Das Ende unseres bewohnbaren Planeten ist möglich, wenn nicht umgesteuert wird. Das würde allen nachfolgenden Generationen die Lebensgrundlage rauben.

Diese apokalyptische Realität wird weitgehend geleugnet. Es ist aber eine Tatsache, dass für den Temperaturanstieg, der das Schmelzen der Permafrostböden und die Freisetzung von Methan-Hydrat in den Meeren bewirkt die gegenwärtige Politik verantwortlich ist. Das droht, unsere Erde unbewohnbar zu machen, wie Forschungsergebnisse belegen, die auch z. B. vom *British Government Met Office* (dem Meteorologie-Institut der britischen Regierung) bei der Klimakonferenz in Paris präsentiert wurden.

Unser Wohlstand, unsere Sicherheit, Kultur und Identität würde aber schon lange vorher in sich zusammenfallen.

Ein Europa, das unfähig ist, mit ein paar Millionen Kriegsflüchtlingen fertigzuwerden, wird unter der Masse von zehn oder vielleicht Hunderten von Millionen Klimaflüchtlingen schnell zusammenbrechen.

Paul Krugman, Kolumnist der *New York Times*, beschrieb kürzlich in seiner Kolumne das Schreckensszenario des Klimawandels und fragte dann, was denn nun wirklich in diesem Jahr der US-Wahl auf dem Spiel stünde? „Nun, unter anderem das Schicksal unseres Planeten."

Eine Studie der US-Akademie der Wissenschaften kam im vergangenen Jahr zu dem Ergebnis, dass die Forderung, Wirtschaftswachstum und CO_2-Anstieg vom Ressourcen-Verbrauch zu entkoppeln, auf falschen Berechnungen beruhten, weil das Rohmaterial zur Herstellung von Produkten zu gering veranschlagt worden sei (*The Guardian*, 25.11.2015).

Warum wurde nicht längst ein Not-Bündnis gebildet, die alles Menschenmögliche tut, um den Kurs zu ändern und, wo noch möglich, rückgängig zu machen?

Warum gibt es noch keinen Gesamtüberblick über die Risiken und Gefahren, warum wurde noch keine gemeinsame Strategie erarbeitet? Das sind Fragen, die ich oft – vor allem von jungen Leuten – höre. Für sie stellt die Arbeit des Weltzukunftsrates und die Arbeit der seit 1980 zahlreichen Preisträger des Right Livelihood Award, des Alternativen Nobelpreises, einen Funken Hoffnung dar.

Inzwischen ist der Weltzukunftsrat weit bekannter als noch vor ein paar Jahren. Seine Mitglieder vermitteln ein vorbildliches und ganzheitliches Engagement und verfügen über außerordentliche Überzeugungskraft. Sie haben das Gespür für die Themen der Zukunft wie beispielsweise das Eintreten für die Rechte zukünftiger Generationen, für Konzepte zum Übergang zu 100 %-erneuerbare Energien oder auch unorthodoxe Vorschläge zur Geldschöpfung. Diese Vorschläge werden weltweit in vielen Foren diskutiert. Autoren, Wissenschaftler oder UN-Organisationen beziehen sich auf unsere Arbeit.

In den Stellungnahmen zur Eröffnung des neuen Büros des Weltzukunftsrats in China war klar zu erkennen, dass die chinesischen Behörden die Klimabedrohung sehr ernst nehmen und sowohl nach Lösungen suchen als auch nach Partnern. Auch hier wird offenbar deutlich gesehen, was die Ursachen dafür sind, dass die Himalaja Gletscher und Tibets Permafrost zu schmelzen beginnen.

Auch die Kohle-Lobby ist sich inzwischen der Lage bewusst und sieht die Zeichen an der Wand: Man wird uns hassen und verteufeln, so wie früher die Sklavenhändler, sagte der Generalsekretär des Verbandes der Europäischen Kohle-Industrie (*Financial Times*, 16.12.2015). Und die Tagesschau vom 5. Juli 2016 berichtete von zehntausend Todesfällen aufgrund von Kohlekraft und stützte sich auf die Auswertung von 257 der insgesamt 280 europäischen Kohlekraftwerke. Demnach belaufen sich die durch sie verursachten Gesundheitskosten jährlich auf bis zu 63,3 Milliarden Euro.

Leider gilt das nicht für die USA: Donald Trump behauptet zum Beispiel, dass der Klimawandel eine „chinesische Erfindung" sei. Das *Wall Street Journal* (3.8.2015) befürchtet: „Wenn es stimmt, dass der Klimawandel von Menschen verursacht wurde, kann ein solch riesiges Problem nur von der Regierung gelöst werden. Für die Linke wäre das ein Himmelsgeschenk, um im großen Stil staatliche Kontrollen über die Wirtschaft und das Leben der Bürger einzuführen."

Solche Verschwörungstheorien werden von einer machtvollen und gierigen Elite verbreitet, damit sie ihre Privilegien in einer zunehmend ungleichen Welt nicht verlieren.

Die Geschichte der vergangenen 40 Jahre zeigt, dass der oft umstrittene Bericht (des Club of Rome) über die *Grenzen des Wachstums* sehr prophetisch war, selbst für die USA: „Das durchschnittliche Haushaltseinkommen 2014 in den USA betrug 50.000 Dollar. Hätten wir das Produktivitäts-Wachstum der Zeit vor 1970 beibehalten, läge das Einkommen bei 97.300 Dollar" (*Financial Times*, 20.2.2016).

Das ist wohl auch einer der Gründe, warum in den USA in den Vorwahlkämpfen 2016 viele junge Wähler für einen Sozialisten stimmten, als ob sie sich vom Sozialismus mehr versprächen als vom Kapitalismus. Aber hier handelt es sich eher um ein Aufbegehren gegen eine unsichere Zukunft, gegen die Brüche in den letzten Jahrzehnten, gegen die anonymisierende Globalisierung und dagegen, dass sich die Jugendlichen den amerikanischen Traum ihrer Eltern nicht mehr leisten können.

Viele glauben auch nicht, dass neue Technologien ihre Probleme lösen werden, was, um das Weltzukunftsrat-Mitglied Prof. Rolf Kreibich zu zitieren, ein gutes Zeichen ist, denn: „Es gibt keinen einzigen Hinweis auf nachhaltige Entwicklung in der gesamten Big Data- und Smart Data-Diskussion." In Japan würden die Menschen anfangen, den neuen Technologien zu misstrauen, da diese über die Realität hinwegtäuschten und nicht als sinnstiftend empfunden würden. Die neue Satori-Generation will weniger Konsum und sucht nach „Erleuchtung"(*Baku Eye*, Mai 2014). Der Demokratie und den demokratischen Institutionen vertrauen sie und ihre Gleichaltrigen in Europa und den USA immer weniger (*World Values Survey*, 2015).

Das ist das Ergebnis einer Politik, die auf der Grundlage von Kosten-Nutzen-Analysen, die ihr Ökonomen vorschreiben, ihre Entscheidungen trifft. Denn deren Modelle sind ideologisch und dienen den Interessen der Privilegierten, die sich um die Bedürfnisse zukünftiger Generationen nicht scheren. Mit ihrem Tunnelblick übersehen sie, dass unsere Wirtschaft von funktionierenden Ökosystemen abhängt. Wenn das Ökosystem zusammenbricht, wird nicht nur das gegenwärtige Bruttosozialprodukt zunichtegemacht, sondern auch das natürliche Kapital.

So berechnet das allgemein benutzte DICE-Modell (Dynamic Integrated Climate-Economy), dass selbst ein katastrophaler Temperaturanstieg von 4 °Celsius das Bruttosozialprodukt nur um 4 %, und ein Temperaturanstieg um 6 °Celsius dieses um weniger als 10 % reduzieren würde, trotz der Vorhersage, dass dann große Teile des Planeten unbewohnbar wären. Bei solchen Modellen, könnte weltweit das Bruttosozialprodukt immer noch wachsen, selbst wenn Afrika schon unbewohnbar ist.

Kein religiöses Dogma ist so mächtig und gefährlich wie die Dogmen der Ökonomen, die glauben, wir würden selbst auf einem brennenden Planeten immer noch reicher werden.

Dieser gefährliche Unsinn herrscht immer noch in vielen Köpfen, und auch die SDG-Nachhaltigkeitsstrategie der UNO leidet daran.

„Angesichts des heutigen Verhältnisses von Wachstum des Bruttosozialprodukts und dem Einkommenswachstum der ärmsten Länder wird es 207 Jahre dauern, um mit dieser Strategie die Armut zu eliminieren, und um das zu erreichen, werden wir die Weltwirtschaft um das 175-fache ihrer gegenwärtigen Größe anwachsen lassen müssen" (*Seeds of Change*, Vol.32, Nr. 1, Jan.-April 2016, S. 15). Was offensichtlich unmöglich ist. Das Nachhaltigkeitsziel 17.1 fordert eine weitere Handels-Liberalisierung und mehr Macht für die Welthandelsorganisation – obwohl aufgrund der Umweltbedrohungen das Gegenteil erforderlich wäre, d. h. Import-Abgaben, um Umwelt-Dumping zu verhindern.

Wie ist es zu erklären, dass wir schon so lange einer Ideologie folgen, die unser Überleben bedroht?

Die US-amerikanische *Heritage Foundation*, ein einflussreiches konservatives Forschungsinstitut, das im Jahre 1980 anlässlich der Wahl Ronald Reagans als Denkfabrik großen Einfluss hatte und immer noch die US-Politik maßgeblich beeinflusst, hat damals unter anderem für alle Ministerien Politikempfehlungen formuliert. Sie wurden in einem 1000-Seiten-Buch veröffentlicht, mit dem Titel: „Mandat für Führung: Politik-Management in einer konservativen Regierung". Diese Empfehlungen waren u. a. Privatisierung, Deregulierung, der Abbau von Sozialleistungen, sowie militärische Präventivschläge. Viele der empfohlenen Maßnahmen wurden umgesetzt, auch weil keine Alternativen präsentiert wurden. Um Margaret Thatcher zu zitieren: „Wirtschaft ist die Methode: das Ziel ist die Veränderung der Seele" (*Sunday Times*, 1.5.1981).

Heute erkennt selbst das Business-Magazin *Forbes* an, dass der Kapitalismus es nicht geschafft habe, das Wohlergehen der Menschen im großen Maßstab zu verbessern (9.2.2016). Das Bewusstsein ist also geweckt worden, und nun ist es an uns, eine Methode zu finden, die Zerstörung des Planeten zu beenden. Auch wenn wir nicht über Mittel wie die *Heritage Foundation* verfügen, so haben wir viele Verbündete.

Da es um den Notfall Erde geht, muss alles, was wir bisher unternommen haben, neu überdacht werden; nicht, weil es falsch ist, sondern weil es nicht mehr ausreicht.

Auf einer unlängst abgehaltenen Konferenz wurde die Gewerkschaftsführerin Sharan Burrow gefragt, warum sie über den Klimawandel spreche und nicht über Jobs. „Weil es auf einem toten Planeten keine Jobs gibt", antwortete sie. Eine öko-industrielle Umgestaltung würde natürlich Millionen neuer Jobs generieren; aber sie hat die Hierarchie der Risiken und Gefahren verstanden.

Die Herausforderung ist immens, aber nicht neu. Es gibt keine Sache von größerer Schwierigkeit, Gefahr und von zweifelhafterem Erfolg, als die Vorreiterrolle zu übernehmen bei der Einführung einer neuen Ordnung. „Denn alle die, welche sich in der alten Ordnung wohl befanden, sind der neuen feindlich; und diese hat nur laue Verteidiger bei denen, die dabei zu gewinnen hoffen." – ein Zitat aus Macchiavellis Schrift *Der Fürst*, die 1532 erschien.

Aber wir haben viele Verbündete:
- unser lebendiger Planet, wenn wir die Richtung ändern solange er noch reagieren und sich erholen kann
- die Jugend der Welt, die erkennt, dass die Versprechen der gegenwärtigen Ordnung für ihre Zukunft hohl sind und nach einer glaubwürdigen Alternative sucht

- die Schutzlosen dieser Welt, die gemerkt haben, dass diese Ordnung bodenlos ist
- unsere Vorfahren, die uns vertrauen, dafür zu sorgen, dass ihr Leben und ihre Errungenschaften nicht umsonst waren
- und alle zukünftigen Generationen, denn von uns hängt es ab, ob und wie sie leben werden

Der *Global Policy Action Plan (GPACT)* des Weltzukunftsrats ist unser Handbuch für verantwortliche Politik. Er beschreibt die wichtigsten Reformen für Menschen und den Planeten, die heute durch die Folgen der Empfehlungen der Heritage Foundation bedroht sind. GPACT will den sog. Konsens von Washington durch einen neuen ersetzen, der – nach dem Gründungsort des WFC – vielleicht als Hamburger Konsens in die Geschichte eingehen wird.

Der *Global Policy Action Plan* GPACT

Wir machen die besten und effektivsten Gesetze und Regelungen aus aller Welt bekannt, passen sie an und verbreiten sie. Die von uns identifizierten ‚besten politischen Lösungen' erleichtern die Umsetzung wegweisender politischer Reformen und unterstützen so die Einhaltung internationaler Verpflichtungen im Rahmen der globalen Nachhaltigkeitsziele. In der Zusammenarbeit mit politischen Entscheidungsträgern unterstützen wir Innovationen, die Fortschritt, einen gesunden Planeten, Frieden und Sicherheit fördern.

Wir müssen die Machtkämpfe, Bürokratie, Enge und Eifersucht überwinden, die unter Nichtregierungsorganisationen und ihren Unterstützern so häufig anzutreffen sind, und neue Allianzen schmieden.

Der Weltzukunftsrat hat gezeigt, dass er die Fähigkeit hat, neue Koalitionen zu formen; nicht, weil wir mehr wissen oder besser sind, sondern weil wir auf dem aufbauen, worauf sich die

internationale Gemeinschaft bereits geeinigt, es aber bislang noch nicht umgesetzt hat. Wir helfen, Lücken zu schließen:
- zwischen miteinander verbundenen Problemen, die von Aktivisten und Geldgebern nicht in einem Zusammenhang gesehen, sondern nur einzeln behandelt werden;
- zwischen akademischer Politikforschung und der Unterstützung, die politische Entscheidungsträger benötigen;
- zwischen den Rechten, auf die man sich geeinigt hat, etwa in der UN-Charta für die Natur und ihrer gesetzlichen Umsetzung.

Wie die Verteidiger von Privilegien wissen (und was wir oft vergessen), steckt der Teufel im politischen Detail.

In der Geschäftswelt und im zivilen Leben wird häufig auf freiwillige Selbstregulierung gesetzt. Laut einer ersten Bestandsaufnahme, die kürzlich veröffentlicht wurde, erweist sich diese Priorität als falsch, sie zeigt, dass 82 % der untersuchten freiwilligen Vorhaben scheiterten.

So gab es weit schlechtere Resultate als ein Gesetz hätte erreichen können. Eine Gebühr auf Plastiktüten in Wales verringerte über Nacht den Gebrauch um 80 %, während eine freiwillige Maßnahme in England in sieben Jahren nur einen Rückgang um 6 % erreichte (*The Guardian*, 4.11.2015).

Natürlich sind Gesetze nicht überall einfach einzuführen und win-win-Szenarien für alle oft ein Mythos. Die *Climate Legacy Initiative* kommt zu dem Schluss, dass die Besteuerung, die für einen adäquaten Rückgang der Nachfrage bei umweltschädlichen Produkten erforderlich ist, zu „signifikanten gesellschaftlichen Problemen" führen könnte. Politiker fürchten, dass ihre Wähler rebellieren; aber müssen begreifen, dass eine rebellierende Natur eine weitaus gravierendere Angelegenheit sein wird.

Die vielgepriesene Ökonomin Dambisa Moyo beklagt eine „weltweite Erosion an Produktivität", die sie nicht verstehen könne und als „höchst merkwürdig" bezeichnet. Hat man aber die Bedürfnisse der Menschen und des Planeten im Blick und zudem die wachsende Zahl der Arbeitslosen weltweit, dann hat diese „Merkwürdigkeit" eindeutig ihre Ursachen, nämlich in den perversen Dogmen, die von Moyo und ihren Kollegen angebetet werden.

Immer wieder wird behauptet, dass die nötigsten Reformen zu teuer seien, was im Klartext heißt, dass wir es uns nicht leisten könnten, auf der Erde zu leben. Aber eine Gesellschaft, die über die nötigen natürlichen und menschlichen Ressourcen verfügt, kann notwendige Reformen immer auch finanzieren.

Zunächst brauchen wir jedoch eine reale „Buchhaltung". Dass weltweit potentielle erneuerbare Energien ungenutzt bleiben, vergeudet jährlich Billionen von Dollar. Während jedes geschlossene Bergwerk als Verschwendung von Industriekapital beklagt wird, wird die unendlich viel größere Zerstörung von natürlichem Kapital – verursacht durch die nicht maximal genutzten erneuerbaren Energien – ignoriert. Der Weltzukunftsrat hat diesen Verlust zum ersten Mal errechnet. Er beträgt über 3 Billionen Dollar jährlich.[1]

Um das Finanzsystem zu retten, wurde die Schöpfung (das „Drucken") von neuem Geld durch die Zentralbanken sehr schnell akzeptiert. Doch den dringend nötigen Übergang zu nachhaltigen und erneuerbaren Energien auf die gleiche Weise zu finanzieren, ist ein politisches Tabu.

Der Weltzukunftsrat hat aber aufgezeigt, wie die Produktion neuer Güter und Dienstleistungen (ohne Inflation) finanziert werden kann: 100 % erneuerbare Energie, Nachrüstung von Gebäuden,

---

[1] https://www.worldfuturecouncil.org/monetary-cost-non-use-renewable-energies/

nachhaltige Transportsysteme etc. Im Süden würden damit Millionen neuer Jobs geschaffen, was wiederum den Druck vermindern würde, um des reinen Überlebenswillen nach Europa auszuwandern.

Unsere gemeinsame Zukunft benötigt einen schlüssigen Plan für schrittweise Politikreformen, und der *GPACT* des Weltzukunftsrates ist der erste Versuch dieser Art. Er ist keine übliche Wunschliste, sondern ein Handbuch vorrangiger Politikmaßnahmen, die, wo immer möglich, auf schon existierenden nationalen und regionalen Gesetzen, aufbauen.

Der *Globale Aktionsplan GPACT* fasst die minimal benötigten Reformen zusammen und benennt die Meilensteine für eine nachhaltige Zukunft:

1. **Umwelterziehung**

   Das beste Gesetz dafür haben wir in Maryland, USA, ausgemacht und sind dabei, es in Europa zu verbreiten.

   Dazu haben wir die besten Programme für Umweltbildung in Business Schools und für Wirtschafts-Studenten identifiziert (vgl. futurepolicy.org).

2. **Impulse für die Demokratie**

   Ein isländisches Gesetz stellt sicher, dass mit Geldspenden keine Wahlen beeinflusst werden können.

3. **Anwendung alternativer Fortschritts-Indikatoren**

   Wieder einmal hat ein kleines Land die Führung übernommen: Bhutan, wo die Regierung das Wohlbefinden der Bevölkerung zum Handlungsmaßstab nimmt.

   Das EU BRAINPOOL Projekt, an dem der Weltzukunftsrat teilnimmt, zeigt die Herausforderungen solcher Reformen. Auch eine Reform der Bilanzierungsstandards ist dringlich.

4. **Sicherstellung der politischen Repräsentation der Bedürfnisse zukünftiger Generationen**
Der WFC hatte eine Schlüsselrolle bei der Schaffung des exemplarischen Waliser Gesetzes inklusive der Schaffung eines „Kommissars für nachhaltige Zukunft", das u. a. auf den Erfahrungen des ungarischen parlamentarischen Ombudsmannes für zukünftige Generationen, des WFC-Mitglieds Sándor Fülöp, beruht.

5. **Bestrafung von Verbrechen gegen zukünftige Generationen**
Unter der Leitung von Richter Christopher Weeramantry (Right Livelihood Award 2007 und World Future Councillor) identifizieren wir fortschrittliche Urteile und Hindernisse für deren Umsetzung.

6. **Umwidmung von Militärausgaben für Frieden und Entwaffnung**
Die Kommission des Weltzukunftsrats für Frieden und Entwaffnung hat ein Handbuch über nukleare Abtrüstungsstrategien für die Interparlamentarische Union (IPU) herausgegeben sowie eine breite Sicherheitsdebatte gestartet, indem sie die Verbindungen von Klimawandel und Nuklearbedrohung aufzeigt. Sie hat außerdem das in Argentinien beschlossene Programm zur Rückgabe und Vernichtung von Schusswaffen nach Bosnien und Serbien gebracht.
Die Waffen wurden zerlegt, um für Windkraftwerke und andere Infrastrukturprojekte Ersatzteile bereitzustellen. Argentiniens nationales Programm für die freiwillige Abgabe von Schusswaffen wurde 2013 mit dem Future Policy Award des WFC ausgezeichnet.

7. **Schaffung von Anreizen für die Produktion von 100 % erneuerbarer Energie**
Bei der Verbreitung der besten politischen Maßnahmen, vor allem der Einspeisevergütung, hat der Weltzukunftsrat eine herausragende Rolle gespielt. Dazu gehörten mehr als 100 Beratungen und Anhörungen mit Parlamentariern aus über 50 Ländern. Hermann Scheer (Right Livelihood Award 1999 und WFC-Gründungsmitglied) hat dieses Projekt inspiriert.

8. **Regenerative Städte**
Unser Programm wurde im Oktober 2016 bei Habitat III vorgestellt. Es wird zurzeit daran gearbeitet, eine neue Art der Urbanisierung zu entwickeln, wie beispielsweise China seine Städte erfolgreich in regenerative Städte umwandeln kann und neue Städte geschaffen werden, die eine Verbindung zwischen überlebenswichtigem Schutz der Umwelt und den Bedürfnissen der Bewohner herstellen. Durch die Glaubwürdigkeit, die wir uns in China schon erworben haben, kann unser Büro in Peking hierbei sehr hilfreich sein. Es gibt schon exemplarische chinesische Gesetze, die z. B. sicherstellen, dass die Profite aufgrund der gefallenen Ölpreise von der Regierung einbehalten werden, um damit Umweltschutz- und Erhaltungs-Maßnahmen zu finanzieren.

9. **Bewahrung von gesunden Öko-Systemen**
Die Übersäuerung der Meere nimmt derzeit zehnmal schneller zu als während der letzten 56 Millionen Jahre. Das Seerecht muss mit Hilfe bereits bestehender exemplarischer Meeres-, Wald- und Biodiversitäts-Gesetze aus Palau, Ruanda und Costa Rica erweitert werden. Diese Gesetze wurden mit dem Future Policy Award ausgezeichnet.

10. Grüne Steuerreform einschließlich einer Verbrauchssteuer auf Kohlenstoff-Emissionen

    Wir müssen das besteuern, was schädlich oder knapp ist. Gute Beispiele für politische Maßnahmen können auf unserer gesonderten Website für politische Entscheidungsträger gefunden werden: futurepolicy.org. Darüber hinaus arbeiten wir daran, solche Regeln zu verbreiten, die bewirken, dass unser Finanzsystem die Schaffung wirklichen Wohlstands ermöglicht und nicht länger Spekulation und Schulden begünstigt.

11. Unternehmen und Produkte

    Anreize zur Förderung des menschlichen Erfindungsgeists und zur Risikoübernahme müssen geschaffen werden, um dem Gemeinwohl zu dienen. Als Beispiel sind dem Gemeinwohl verpflichtete Firmen, *Benefit Corporations*, wie in Maryland, USA, zu nennen und das TOP Runner-Programm in Japan, ein Instrument zur Steigerung der Energieeffizienz. Dadurch konnte Japan 16 % seiner Verpflichtung zur Reduktion von Treibhausgasen erfüllen, wie es das Kyoto-Protokoll vorsieht. Ein gutes Beispiel, das verbreitet und übernommen werden sollte, ist auch das *Cradle-to-Cradle*-Prinzip („von-der-Wiege-zur-Wiege" – ein intelligentes hocheffektives Recyclingsystem). Hier werden die Produkte so konzipiert, dass sie nicht zu Abfall werden, sondern nach Gebrauch zu möglichst 100 % wieder einsetzbar sind.

12. Schutz der Schutzbedürftigen

    Während der Übergangszeit, die in nächster Zeit auf uns zukommt und den damit verbundenen Turbulenzen, ist es vorrangig, dass wir Kinder, Frauen und die große und wachsende Anzahl von Menschen mit Behinderungen weltweit schützen. Der Weltzukunftsrat hat exemplarische Maßnahmen für das Recht auf Nahrung (Belo Horizonte), zum Kinderschutz (Zanzibar Act) und zum Schutz von Frauen und Mädchen vor Gewalt (Future Policy Award, 2014) sowie zur Abschaffung von Barrieren für Menschen mit Behinderungen (Zero Project) benannt und ausgezeichnet, und arbeitet an deren Verbreitung.

Der Nutzen, diese Herausforderungen, die alle miteinander zusammenhängen, zu bewältigen, liegt auf der Hand. Es ist zum einen Aufgabe des Weltzukunftsrats, die Lücken in der Umsetzung dieser Maßnahmen zu überbrücken, zum anderen muss jedoch der Druck von unten auf politische Entscheidungsträger zunehmen. Sie benötigen Argumente und Hilfestellung, damit sie den Lobbyisten des status quo widerstehen können.

Wir benötigen jetzt die Mittel und die Verbündeten, um ein Durchbruch-Gesetz nach dem anderen mit „Schnellfeuergeschwindigkeit" (Naomi Klein) durchzubringen. Die moralische Revolution, die z. B. die Sklaverei beendete, gewann nicht nur mit Petitionen, und heute werden General Twitter und Admiral Facebook auch nicht ausreichen. Denn mit Statistiken oder Appellen an die Vernunft allein kann man keine fest etablierte Macht bekämpfen.

Daher müssen wir eine attraktive und machtvolle Vision unserer Zukunft auf dieser Welt entwerfen. Es wird eine Welt sein mit „weniger Autorennen und mehr Tanzwettbewerben" (Chandaran Nair), eine spannende Welt der Kultur, Bildung, Forschung, des Sports, der spirituellen Erfahrung und menschlicher Interaktion, wo der Sinn des Lebens „nicht hinter den Objekten, sondern hinter den Subjekten gesucht wird", wie mein Großvater, der Biologe und

Gründer der Umweltforschung es ausdrückte.

Die Entscheidung liegt bei jedem von uns. Die Geschichte hat sehr laut an unsere Tür geklopft. Werden wir antworten?

Brainpool Project

Inzwischen arbeiten neun Institutionen zusammen, um sich für langfristiges Denken und Handeln in der Politik einzusetzen und die Interessen künftiger Generationen zu schützen. Im Rahmen des EU-geförderten Gemeinschafts-Projekts **Brainpool** zur Einführung von Wohlstandsindikatoren, die den sozialen Fortschritt von Gesellschaften besser abbilden als das traditionell herangezogene Brutto-Inlandsprodukt, hat der Weltzukunftsrat eine zentrale Rolle gespielt. Bei der Abschlusskonferenz in Paris wurden die Ergebnisse und Empfehlungen von einem hochkarätigen Panel diskutiert – darunter Politiker aus Großbritannien, Frankreich, Finnland und Italien, der EU-Kommissar für Beschäftigung, soziale Angelegenheiten und Chancengleichheit László Andor sowie Vertreter der OECD.

Förderung erneuerbarer Energien

Mit der Arbeit für Einspeisegesetze zur globalen Förderung erneuerbarer Energien hat der Weltzukunftsrat wesentlich dazu beigetragen, dass mehr als 60 Länder entsprechende Gesetze erlassen haben. In mehr als 30 parlamentarischen Anhörungen und Strategie-Workshops in den USA, den Arabischen Emiraten, afrikanischen und europäischen Ländern hat der WFC Entscheidungsträger intensiv mit den Herausforderungen und Chancen in diesem Bereich konfrontiert. Ziel ist es, Städte, Gemeinden und Regionen in einem internationalen 100 %-Erneuerbare-Energien-Netzwerk zusammenzubringen und Lösungen und Erfolge zu verbreiten.

futurepolicy.org

Die Rolle Europas

Als die EU vor einigen Jahren den Friedens-Nobelpreis bekam, saß ich in einem Live-Interview des Bayerischen Rundfunks und wurde gebeten, auf die eingehenden Anrufe zu reagieren. Ich war schockiert über die vielen negativen und zynischen Reaktionen. Da ich aus einer Familie komme, die in den europäischen Kriegen des letzten Jahrhunderts viel verloren hat, ist mir der Wert der europäischen Friedensunion sehr bewusst und ich konnte mir einen besseren Friedenspreisträger kaum vorstellen. Aber für viele Europäer, besonders im Westen, scheinen diese historisch einmaligen Errungenschaften wenig zu bedeuten und man schimpft lieber über Brüssel. Besonders krass erlebe ich das in dem Land, in dem ich zurzeit lebe – Großbritannien – wo die Hetze gegen die EU groteske Ausmaße erreicht hat.

Aber, wenn man Europa verlässt, wird einem schnell bewusst, wie neidisch viele Afrikaner, Asiaten und Lateinamerikaner auf Europa schauen. Es gibt dort verschiedene Unions-Projekte, aber sie kommen, wenn überhaupt, nur sehr langsam voran. Aber die Afrikanische Union hat eine Parlamentarische Versammlung und es gibt auch ein lateinamerikanisches Parlament, wo bisher nur die Mitglieder aus Venezuela und Bolivien direkt gewählt sind.

Vor etwas über 10 Jahren war ich auf einer Konferenz in Venezuela eingeladen. Als Auftakt hielt Präsident Chavez eine mehrstündige Rede, und, als die europäischen Teilnehmer am letzten Tag in den Präsidentenpalast eingeladen wurden, erwarteten wir etwas Ähnliches. Aber der Präsident erschien mit einem Notizblock und bat uns, über unsere Arbeit zu erzählen, denn er wolle von Europa lernen ...

Als Abgeordnete des Europäischen Parlaments merkten meine Kollegen und ich, dass diese Berufsbezeichnung mehr Eindruck machte, je weiter wir uns von Europa entfernten. So gelang es einem Kollegen, in Thailand die Begnadigung eines zu Tode verurteilten zu erreichen. Als ich im Pazifik-Staat Palau zu einer kontroversen und gewalttätigen Volksabstimmung als Wahlbeobachter entsandt wurde, merkte ich, dass sich meine US-Kollegen nicht aus ihren Hotels wagten, während mir bedeutet wurde, dass ich als Europäer nichts zu befürchten hatte.

Das friedliche Europa von heute, das viele für so selbstverständlich halten, war nie selbstverständlich und ist es auch heute nicht. Viele Jahre lang hatten wir zwar ein vereinigtes West-Europa, aber auch die tägliche Gefahr einer gewollten oder versehentlichen nuklearen Katastrophe. Völker an den Rändern unseres Kontinents, die sich noch nie bekämpft hatten, waren nun bedroht und konnten innerhalb von Minuten ausgelöscht werden in einem Konflikt, auf den sie keinen Einfluss hatten. Nach dem Zusammenbruch der UdSSR wurde vielen klar, wie viel Glück Europa damals gehabt hatte.

Erinnern wir uns: Bis zum Zusammenbruch der UdSSR waren demokratisch gewählte Politiker in Europa quer durch das politische Spektrum der Überzeugung, dass der Westen auf einen konventionellen Angriff des Warschauer Paktes mit einem atomaren Gegenangriff antworten solle, d.h. unseren Kontinent für Jahrtausende (oder länger) unbewohnbar zu machen!

Dass es nicht dazu kam, verdanken wir nicht ihnen, sondern der Vernunft der nicht-gewählten russischen Politiker angeführt von Präsident Gorbatschow. Aber wie wurde Russland hierfür gedankt? Gab es ernsthafte Versuche auf seinen friedlichen Verzicht auf seine Großmacht-Rolle mit einer Eingliederung in eine neue europäische Friedensordnung zu antworten?

Im Gegenteil: Von NATO- aber auch von EU-Vertretern wurde Anfang der 90er Jahre immer wieder verkündet, der Westen habe den Kalten Krieg gewonnen. Statt vertrauensbildende Maßnahmen umzusetzen, wurden Absprachen ignoriert, und der Westen drängte triumphierend immer weiter nach Osten. Auch aus den verheerenden Folgen der versprochenen NATO-Mitgliedschaft für Georgien vor einigen Jahren wurde nichts gelernt, sondern man wiederholte in der Ukraine denselben Fehler und steht jetzt blamiert da. Die Periode russischer Schwäche ist vorbei – solche Perioden waren historisch immer kurz – und wir Europäer merken, dass die von vielen vergessenen auf uns gerichteten Atomraketen noch immer da sind, noch immer mit „launch on warning", d. h. sie können innerhalb von Minuten absichtlich oder versehentlich abgefeuert werden. Wie können wir Europäer zulassen, dass einige wenige Atommächte so mit uns umgehen, ohne dass es einen Aufschrei gibt gegen ihre Weigerung, ihre vertraglichen Verpflichtungen zu erfüllen und atomar abzurüsten? Wer bedroht Europa am meisten? Die theoretischen iranischen Atomwaffen – oder die tatsächlichen auf Europa gerichteten?

Man ist nicht voreingenommen, wenn man die historische Einmaligkeit Europas sieht. Kriege und Kolonialismus sind Teile dieser Geschichte, aber auch der Aufbau von Demokratie, Mitbestimmung und Rechtsstaatlichkeit durch politisches Engagement der Bürger, d. h. nicht als Gabe eines Herrschers.

Die Vereinigung streitender Kleinstaaten gelang den Briten in Indien, und die Indische Union – die größte Demokratie der Welt – besteht noch heute. Aber in Afrika und Lateinamerika bestehen fast alle von Europäern gezogenen Kleinstaaten-Grenzen fort. Der Respekt vor anderen Kulturen führt manchmal dazu, dass das Ausmaß des europäischen Einflusses übersehen wird. Zum Beispiel hören wir viel vom kommenden asiatischen Zeitalter und dem globalen Einfluss Chinas – aber selten, dass die derzeitig herrschende chinesische Ordnung nicht etwa auf Konfuzius und Laotse baut, sondern auf zwei europäische Denker namens Marx und Lenin! Nachdem Europa der Welt durch Nazismus und Faschismus gezeigt hatte, wie leicht verwundbar und umkehrbar auch unsere hochgelobte Zivilisation war, und wie schnell unvorstellbare Barbareien sich ausbreiten können, fühlten sich europäische Politiker nach 1945 besonders verpflichtet, Demokratie und Menschenrechte zu sichern, und der Welt ein positives Beispiel zu geben. Auf keinem anderen Kontinent gibt es heute ein entsprechend ausgebautes und ausgewogenes System von Institutionen und Rechten zum Schutz des Individuums. Aber jetzt muss Europa eine noch wichtigere Vorreiterrolle wahrnehmen. Denn ohne eine gesunde natürliche Umwelt nützen uns Menschenrechte wenig. Es kann kein Recht auf etwas geben, was nicht möglich ist, und der europäische Pro-Kopf-Verbrauch von Ressourcen z. B. ist weltweit nicht möglich. Weil das so ist, ist diese Lebensweise auch in Europa nicht mehr zu rechtfertigen.

Bisher konnten wir Fragen der gerechten weltweiten Verteilung von Wohlergehen und Lebensqualität immer mit dem Hinweis auf Wachstum und den technischen Fortschritt beantworten, der uns Europäer in den letzten 100 bis 200 Jahren so viel reicher gemacht hat. Aber offensichtlich haben wir von der globalen Substanz gelebt. Die Globalisierung hat die Grenzen des Wachstums hinausgeschoben, da wir in den ökologischen und ökonomischen Raum anderer Länder hineinwachsen konnten. Da das, was wir konsumieren zunehmend billig (und schmutzig) in Asien hergestellt wurde, konnten wir lange behaupten, der Club of Rome sei mit seinen Warnungen zu pessimistisch gewesen.

In Wirklichkeit sind viele Grenzen des Wachstums weltweit schon überschritten, was auch in Europa in den nächsten Jahren –

spätestens Jahrzehnten – sehr klar werden wird, obwohl wir noch – wie in den Monaten vor den beiden Weltkriegen – glauben, es wird im Großen und Ganzen weitergehen wie bisher. Man merkt in der öffentlich-politischen Debatte in Europa noch wenig von den enormen Herausforderungen und Veränderungen, die auf uns und unsere Kinder zukommen.

„Die Natur spielt verrückt", sagte mir kürzlich jemand, der in Norddeutschland auf dem Lande lebt. Auch dort ist das zunehmende Klima-Chaos schon für diejenigen spürbar, die sich in der Natur auskennen. Aber die größte Bedrohung für unsere gemeinsame Zukunft findet in Afrika statt. Während man sich in Europa über steigende Zahlen politischer Flüchtlinge aufregt, wird von dort in den nächsten Jahrzehnten etwas auf uns zukommen, was unsere Vorstellungskraft weit übersteigt. Nicht ein Öko-Fundamentalist sondern der ehemalige Chef des Internationalen Währungsfonds, Michel Camdessus, warnte kürzlich nach einer Afrika-Reise, dort würden immer größere Gebiete durch den Klimawandel so schnell unbewohnbar, dass in den nächsten Jahrzehnten damit zu rechnen sei, dass 200 Millionen – ich wiederhole: 200 Millionen – Afrikaner versuchen werden, nach Europa zu kommen, weil sie zu Hause nicht mehr überleben können. Auch wenn ein Teil davon unterwegs umkommt – was zu befürchten ist – wird auch der ankommende Rest zunehmend nicht nur afrikanische sondern auch europäische Staaten unregierbar machen. Demokratie, Menschenrechte, Frieden, Lebensqualität und Sicherheit in Europa sind bedroht, weil wir auf den globalen Klimawandel nicht ernsthaft reagiert haben. Das Ziel, diesen auf durchschnittlich +2 °C zu begrenzen, ist nicht mehr machbar, wenn wir jetzt nicht radikal umsteuern, statt unsere Hoffnung in technische Phantasien zu setzen. Bei +4 °C, auf die wir zurzeit zusteuern, ist keine Anpassung mehr möglich, warnt u. a. der führende deutsche Klimaexperte Prof. Schellnhuber.

Es geht jetzt um Entscheidungen von uns, die über Tausende von Generationen nachwirken werden. Während Pessimisten wie Prof. Giddens, Autor von „The Politics of Climate Change", befürchten, unsere Erde könne unbewohnbar werden wie der Planet Venus, sehen auch Optimisten unsere Zivilisation, Errungenschaften und Hoffnungen bedroht.

Eine häufige Antwort darauf lautet, wir Europäer täten ja schon viel, aber es würde alles nichts nützen, wenn die Chinesen nicht radikal umsteuern, was nicht zu erwarten ist, denn auch sie wollen einen europäischen Lebensstandard.

Aber europäische Lebensstandards sind weltweit unmöglich – das weiß auch die chinesische Regierung. Und viele CO_2-Emissionen dort entstehen auf Grund der Produktion für europäische Verbraucher.

Wir reden in Europa viel über Rechte, aber es gibt keine Rechte ohne entsprechende Pflichten und Verantwortlichkeiten. Dies ist eine sehr unbequeme Wahrheit. 1998 berief der damalige UNESCO-Direktor Federico Mayor eine internationale Kommission, die eine Deklaration über menschliche Pflichten und Verantwortlichkeiten – analog zur UN-Menschenrechtsdeklaration – erarbeitete. Mayor plante, die Erklärung erst der UNESCO und dann der UNO zur Diskussion und Verabschiedung vorzulegen. Aber sie wurde schon im UNESCO Executive Committee blockiert, denn die Mehrheit – angeführt von den USA – wollten von Pflichten und Verantwortlichkeiten nichts wissen.

Daher lassen wir es zu, dass der Klimawandel und andere ökologische Bedrohungen seit 40 Jahren zunehmen, obwohl uns die Folgen bekannt sind. Werden wir auch in Europa erst aufwachen, wenn ein Umsteuern nicht mehr hilft? Was werden unsere Kinder und Enkel dann über uns sagen? Wie wertvoll ist uns Europa wirklich, wenn wir zu bequem sind, unseren Kontinent vor Chaos und Zerstörung zu schützen?

Bei einem Treffen in Moskau im Mai 1989, an dem ich als Europa-Abgeordneter teilnahm, versicherte der Vertreter der Bundesregierung seinen DDR-Kollegen, niemand im Westen plane, den Status von Berlin zu verändern. Die Mauer fiel bekanntlich sechs Monate später.

Veränderungen können also sehr schnell kommen und wir sollten vorbereitet sein. Heute gibt es viele Konferenzen über das, was alles geändert werden müsste und welche Ziele wir anstreben wollen. Aber das „Wie?" wird selten diskutiert. Die Subventionen auf fossile Brennstoffe müssen abgeschafft werden, heißt es, aber wie geht das in der Praxis? Der WFC hat die Initiative ergriffen, mit unserem Globalen-Politik-Aktionsplan zu zeigen, welche Veränderungen unbedingt nötig sind. Er ist der erste Versuch, vernetzte, zusammenhängende Lösungen anzubieten, anstatt jede Herausforderung isoliert zu sehen.

Wir brauchen ein neues Verständnis für Risiko-Hierarchien. In einer zerstörten natürlichen Umwelt wird es nur noch um den Kampf um immer knappere lebenswichtige Ressourcen gehen, nicht um Demokratie, Märkte, Entwicklung, Menschenrechte, Kultur und Fortschritt sondern ums Überleben.

Der Kampf gegen den Klimawandel ist daher heute auch ein Kampf für Menschenrechte, und besonders für Frauen- und Kinderrechte. Der Klimawandel ist nicht nur eine Umwelt-Bedrohung sondern eine Sicherheits-, Friedens-, Menschenrechts- und Zivilisations-Bedrohung.

Was muss getan werden? Die Externalisierung von Produktionskosten, d. h. ihre Abwälzung auf die Um- und Nachwelt, ist Betrug am Kunden. Aber die Internalisierung aller Kosten würde heute die meisten Unternehmen in den Bankrott treiben. Daher brauchen wir Übergangslösungen zu einer Ordnung, wo ökologisch nachhaltiges Wirtschaften auch ökonomisch sinnvoll und lohnend ist. Dies erfordert neue gesetzliche Unternehmensformen wie die in einigen US-Staaten zugelassenen B-(oder Benefit-)Corporations, die nicht auf Profitmaximierung ausgerichtet sind.

Es erfordert einen Umbau unserer Produktion nach dem „Cradle-to-Cradle"-Prinzip, welches von dem Hamburger Chemiker Michael Braungart und dem US-Architekten William McDonough entwickelt wurde. Produkte müssen von Anfang an so entworfen werden, dass sie sich möglichst leicht wiederverwenden lassen.

Es erfordert einen Übergang zum nachhaltigen Konsum. Der 2. Bericht an den Club of Rome (nach „Grenzen des Wachstums") hieß „No limits to learning" – die Zahl der Sprachen, Musikinstrumente und anderer Fähigkeiten, die man lernen kann, ist nicht ökologisch begrenzt.

Es erfordert Erziehungs-Systeme, die ökologisch gebildete Bürger hervorbringen.

Es erfordert neue Fortschrittsindikatoren und eine Vertiefung der politischen Debatte, u. a. durch die Reduzierung des Einflusses privater Geldgeber. In den USA stellte eine Studie der Princeton University letztes Jahr fest, das Land erfülle nicht mehr die Kriterien einer Demokratie, sondern die einer Oligarchie, wo die Politiker mehr ihren Geldgebern als ihren Wählern verpflichtet sind.

Es erfordert die politische Vertretung der Interessen zukünftiger Generationen nach den nationalen Modellen, die z. B. in Ungarn und Wales entwickelt wurden, aber auch auf EU- und UN-Ebene, wo der WFC eine entsprechende Initiative ergriffen hat.

Es erfordert, dass unsere Geldpolitik, Finanzregelungen, Steuerpolitik und Investitions-Richtlinien dem ökologischen Primat unterworfen werden, denn unsere Wirtschaft ist ein Subsystem unserer natürlichen Umwelt – und nicht umgekehrt, wie viele Ökonomen glauben. Geld ist nicht knapp, sondern kann immer von

Zentralbanken neu geschaffen werden, ohne inflationäre Auswirkungen, wenn die entsprechenden Produktionskapazitäten verfügbar sind.

Es erfordert die Umsetzung der besten bekannten Gesetze zum Schutz unserer Wälder, Ozeane und Artenvielfalt, sowie zur Sicherstellung der menschlichen Grundrechte auf Nahrung und Wasser. Der WFC hat die besten diesbezüglichen Gesetze ermittelt und mit unserem „Oscar für Innovative Politik", dem Future Policy Award ausgezeichnet.

Es erfordert die schnellstmögliche Umstellung unserer Energiesysteme auf 100 % erneuerbare Energien. Die Verbrennung von fossilen Rohstoffen gefährdet nicht nur unser Klima, sondern ist eine gigantische tägliche Verschwendung wertvoller Rohstoffe – wie der WFC zum ersten Mal errechnet hat. Denn die potentielle Sonnen- und Wind-Energie von heute ist morgen für immer verloren.

Die größten Gefahren für unsere Sicherheit sind heute nicht militärisch, sondern ökologisch. Die große europäische Frage ist jetzt, welche Rolle Europa bei der Bewältigung der historisch einmaligen Herausforderung spielen wird, die jetzt auf uns zukommt. Jeder von uns muss jetzt entscheiden, ob er Teil des Problems oder Teil der Lösung sein will.

Peter Davies war als „Sustainable Futures Commissioner" der erste walisische Beauftragte für nachhaltige Zukunftsentwicklung

Wales als Vorbild: Ombudsperson für zukünftige Generationen

Wales gehört zu den wenigen Regierungen weltweit, die sich nachhaltiger Entwicklung gesetzlich verpflichtet haben. Nachdem die britische Regierung 2011 eine ähnliche Kommission auf nationaler Ebene einstellte, rief die walisische Umweltministerin Jane Davidson kurzerhand selbst einen solchen Ausschuss ein. Unterstützt vom „Cynnal Cymru - Sustain Wales" Forum, überwacht und berät die Ombudsperson regionale und nationale Regierungen. Im walisischen „Well-being of Future Generations Act" wurden 2015 die Interessen zukünftiger Generationen verbrieft. Der World Future Council organisierte anlässlich des Gesetzes eine Konferenz zu diesem Thema, an der u. a. Vertreter aus Finnland, Kanada, Ungarn und Deutschland teilnahmen.

Die Rückeroberung der Zukunft

Anfang der 50er Jahre blickte Sir Peregrine Worsthorne, ein früherer Regierungsberater, auf die Zeit des Kalten Kriegs und seine Rolle darin zurück und war erschreckt. Ihm wurde klar, wie leicht in den 80er Jahren, als die Sowjetunion bereits in Auflösung begriffen war, nur aufgrund von Missverständnissen ein Krieg in Europa hätte ausbrechen können. Gemäß NATO-Politik sollte ein konventioneller sowjetischer Angriff mit Atomwaffen beantwortet werden. Das hätte bedeutet, dass Präsident Reagan sich mit Premierministerin Thatcher über den Beginn eines Atomkriegs beraten hätte, und sie ihn als ihren Berater gefragt und er damals wahrscheinlich zugestimmt hätte.

Jahre später führte er sich die Konsequenzen vor Augen und schrieb, dass ihm heute diese Haltung unerklärlich sei, und dass zukünftige Historiker, wenn es danach noch welche gegeben hätte, die dafür Verantwortlichen als schlimmere Verbrecher als Hitler, Stalin und Mao zusammen angesehen hätten.

Einige Jahre später wurde vom Internationalen Gerichtshof ein Gutachten eingeholt zu der Frage, ob Atomwaffen gemäß internationalem Recht legal seien. Das Gericht kam zu dem Schluss, dass der Einsatz von Nuklearwaffen illegal und völkerrechtswidrig sei, außer wenn das Überleben einer Nation auf dem Spiel stehe. Er fügte hinzu: „Es besteht eine völkerrechtliche Verpflichtung, in redlicher Absicht Verhandlungen zu führen und zum Abschluss zu bringen, die zu nuklearer Abrüstung in allen ihren Aspekten unter strikter und wirksamer internationaler Kontrolle führen."

Der Vizepräsident des Gerichtshofs, Christopher Weeramantry, befürchtete, dass die Nuklearmächte die Ausnahmeklausel, das Überleben einer Nation betreffend, benutzen würden, um das Rechtsgutachten insgesamt zu ignorieren und veröffentlichte eine leidenschaftliche Stellungnahme, in der er Atomwaffen insgesamt unter welchen Umständen auch immer für illegal erklärte. Er verwies unter anderem auf das 2. Laterankonzil von 1139, das selbst den Einsatz „todbringender und gottverfluchter" Geschütz- und Bogenschießwaffen im Kampf verbietet, während im Islam sogar Maßnahmen wie das Auftragen von Gift auf Schwerter und Pfeilen verboten war. Im hinduistischen Ramayana Buch wird erzählt, wie König Rama Kenntnis von einer alles zerstörenden Waffe erhielt, die die Umwelt vernichten und den Feind gänzlich ausrotten könne. Er folgte jedoch dem Rat, dass solche Waffen nicht zum Einsatz kommen dürften, da sie kein legitimes Mittel der Kriegsführung seien.

Richter Weeramantry schrieb, dass Atombomben keine Waffen, sondern Terrorinstrumente darstellen, die die Grundprinzipien internationalen Rechts verletzen und die Menschheit dazu zwingen, mit der Möglichkeit zu rechnen, dass ihr Leben innerhalb eines Augenblicks zusammen mit allem, was Leben ausmacht, ausgelöscht wird in einem Krieg, mit dem viele Menschen und Nationen überhaupt nichts zu tun haben.

Er warnte auch davor, dass die nukleare Bedrohung in den Köpfen, insbesondere von Kindern, als drohendes Unheil verankert ist, eine Wahrnehmung, die diejenigen nachvollziehen können, die während des Kalten Krieges in Europa aufwuchsen oder in dieser Zeit heranwachsende Kinder hatten.

Wo stehen wir heute? Was haben wir erreicht, seit Margret Thatchers Berater schrieb, dass ein Atomwaffeneinsatz ein größeres Verbrechen sei als die von Hitler, Stalin und Mao zusammen?

Großbritannien hat jetzt wieder eine Frau als Premierminister, die kürzlich ankündigte, dass sie, wenn nötig, durchaus den Atomknopf drücken würde, was hunderttausende von Männern, Frauen und Kindern töten würde, was noch eine große Untertreibung ist, da allein die Bomben auf einem britischen Trident-Atom-U-Boot über zwei Millionen Menschen töten würden.

Es gab keinerlei Empörung, keinen Aufschrei über ihre erklärte Bereitschaft, einen unvorstellbaren Massenmord zu begehen. Stattdessen wurde Jeremy Corbyn, der Oppositionsführer der Labour Party von den Medien und auch von Abgeordneten seiner eigenen Partei für sein Statement, dass er unter keinen Umständen einen Atomkrieg beginnen würde, heftig angegriffen.

Diesen unmoralischen Wahnsinn kann man am besten mit einem Vergleich illustrieren. Die Premierministerin wird für ihre erklärte Bereitschaft gelobt, Millionen von Menschen zu ermorden, während jemand, der die Bereitschaft zu einem Anschlag verkündet, bei dem zehn Menschen ums Leben kommen würden, auf der Stelle verhaftet und eingesperrt würde.

Oder vergleichen wir ihre Aussage mit dieser: „Um Frieden und Ruhe in der Republik zu bewahren, würde ich zweihundert Menschen den Kopf abschlagen lassen". Dieses Zitat stammt von dem Alliierten des Westens im sogenannten Krieg gegen den Terror, Präsident Karimov von Usbekistan (1938-2016), einem der furchtbarsten Diktatoren der Welt.

Unsere Meinungsführer würden natürlich sagen, dass dieser Vergleich nicht zutrifft, da die britische Premierministerin nur einen Massenmord anordnen würde, wenn die ‚Freiheit' auf dem Spiel stünde.

Aber kein Szenario ist denkbar, wo dies Sinn machen würde, weder die Invasion eines NATO-Mitgliedsstaates noch ein ISIS-Angriff in London nach dem Muster von 9/11. In jedem Fall würde der Konflikt mit dem Einsatz einer britischen Atomrakete zu einer unwägbaren Eskalation führen, und das Vereinigte Königreich für die absehbare Zukunft zu einer Paria-Nation machen.

Wenn wir Verantwortung für unsere Zukunft übernehmen (und nicht nur unser Gewissen beruhigen) wollen, muss die Friedens- und Abrüstungsbewegung viel stärker auf diesen gefährlichen Unsinn reagieren.

Wenn wir auf die letzten 25 Jahre zurückblicken, auf alle unsere Möglichkeiten, und sehen, wo wir heute stehen, ist klar, dass wir in der Friedensbewegung versagt und nicht unser Bestes gegeben haben. Wir haben es nicht geschafft, an einem Strang zu ziehen, gemeinsam Prioritäten zu setzen und umzusetzen, sondern uns in Rivalitäten verzettelt. „Zwischen NGOs gibt es sehr selten Zusammenschlüsse", schrieb ein Kritiker. In der Friedensbewegung trifft das heute mehr denn je zu.

Eine Folge dieser kleinlichen (und oft persönlichen) internen Streitigkeiten ist auch, dass für viele Friedens- und Abrüstungsgruppen die Finanzierung nicht mehr fließt, denn Geldgeber wollen keine Konflikte unterstützen und verstehen sie oft nicht.

Eine andere Konsequenz ist die fehlende Medienunterstützung. Bei Umweltthemen wissen die Journalisten, wen sie für eine andere Sichtweise interviewen, z. B. *Greenpeace* oder *Friends of the Earth*. Beim Thema Menschenrechte fragen sie *Amnesty International* oder *Human Rights Watch*. Für Wirtschaftsthemen, die *New Economics Foundation*. Aber wer steht für das Thema Frieden und Abrüstung?

Wir müssen von den großen historischen Bürgerrechtsbewegungen lernen. Die Abschaffung der Sklaverei, die Frauen- und Bürgerrechtsbewegungskampagnen waren Massenbewegungen, die von respektierten, inspirierenden Köpfen geleitet wurden, deren Handeln man vertraute.

Sie waren erfolgreich, weil sie mit ihrer einfachen Botschaft moralische Maßstäbe setzten.

Angesichts der tagtäglichen Bedrohung von Nuklearraketen in Alarmbereitschaft reichen kleine Schritte nicht aus. In einer Krise können die großen Schritte oft besser mobilisieren und inspirieren, wenn, wie in Berlin im Jahr 1989, der Boden dafür bereitet ist.

Die Pugwash Stiftung ist dabei zu erforschen, ob atomwaffenbestückte U-Boote unter Wasser mit Ultraschall- oder Sonarverfahren geortet werden können. Insofern wären sie verletzlich und als Abschreckung wertlos.

Wir alle müssen jetzt eine moralische Offensive gegen Verteidiger des atomaren Wahnwitzes führen, wann und wo auch immer. Wir müssen die Tradition gewaltloser direkter Aktionen mit allen Konsequenzen wiederbeleben und uns der Bewegung für globale Gerechtigkeit anschließen und von ihr lernen.

Wir brauchen neue Verbündete. Daher würde ich auch vorschlagen, das Militär mit einzubeziehen, schließlich handelt es sich um eine sehr effektive Organisation, die nicht den marktradikalen Kosten-Nutzen-Analysen untergeordnet ist. Ihre Erfahrungen bei der Bekämpfung von Katastrophen können sehr hilfreich sein, um den realen Bedrohungen unserer Zeit zu begegnen.

Wir sollten es ermutigen, mit uns für Klima-Sicherheit und -Gerechtigkeit zu kämpfen, denn ein Klimakollaps ist heute die größte Gefahr. Militärische Budgets und Strategien könnten durch öffentlichen Druck schnell umgewidmet werden, um auf diese Sicherheitsbedrohungen zu reagieren.

Und die Ressourcen des Militärs könnten beim Aufbau einer globalen Infrastruktur für erneuerbare Energien eine entscheidende Rolle spielen. Das würde vielen Millionen eine Existenzgrundlage bieten. Auch große Projekte für Nahrungs- und Wassersicherheit,

Wiederaufforstung und Wüstenbekämpfung etc. können mit militärischer Hilfe beschleunigt werden.

Ein Sicherheitsbündnis zwischen der globalen Zivilgesellschaft und dem Militär wäre nicht mehr aufzuhalten.

Wir können nicht mehr so weitermachen wie bisher! Wir bewegen uns rückwärts, selbst hier in Deutschland, wo die Regierungskoalition von 2009 u. a. auch vereinbarte, alle in Deutschland lagernden Atomwaffen der USA abzubauen, was trotz einer großen Zustimmung in der Bevölkerung von der jetzigen Koalition fallengelassen wurde, weil wir nicht genug Druck gemacht haben. Eine weitere Priorität muss die Ächtung der nuklearen Lieferkette sein. Sowohl die direkte als auch die indirekte Unterstützung durch Handel und Banken für die Produktion von Gütern und Dienstleistungen, die einen Atomkrieg ermöglichen, muss geächtet werden.

Die Divestment-Kampagne gegen Investitionen in fossile Brennstoffe war im letzten Jahr so erfolgreich, dass selbst die Konzerne, die solche Brennstoffe abbauen und liefern, jetzt eine Kohlenstoff-Steuer forderten. Diese Kampagne wurde initiiert, als im Dezember 2014 der Alternative Nobelpreis an den amerikanischen Klimaaktivisten Bill McKibben verliehen wurde, und an Alan Rusbridger, damals Chefredakteur und Herausgeber des Guardian, der größten Online-Zeitung des Qualitätsjournalismus. Sie trafen sich damals zum ersten Mal und ihre Begegnung führte zu dieser globalen Kampagne.

Wir befinden uns an einem historisch einzigartigen Punkt, wo unser Handeln oder Nichthandeln sehr weitreichende Konsequenzen für unsere Zukunft haben wird. Darum muss jeder entscheiden, ob er/sie/wir alle bereit sind, zu tun, was notwendig ist, um dieser Herausforderung zu begegnen.

Huang Ming, *chinesischer Unternehmer, Ehrenpreis für Pionierleistungen im Bereich Solarenergie*

Huang erhielt den „Alternativen Nobelpreis" im Jahr 2011 dafür, Hightech-Solaranlagen für die Masse attraktiv gemacht zu haben. Er arbeitete zunächst in der Ölindustrie – bis ihn die Umweltverschmutzung in seinem Heimatort aufrüttelte. Schuldig gegenüber seinem Kind habe er sich gefühlt, das mit den Folgen der Umweltzerstörung, die seine Generation verursacht, leben muss. Ein Buch über Solarenergie veränderte sein Leben: Neben der Arbeit begann er zum Thema erneuerbare Energien zu forschen und gründete 1995 seine eigene Firma, die Himin-Gruppe. Dass wirtschaftlicher Erfolg und Umweltschutz Hand in Hand gehen können, ist die Botschaft, die er nicht nur in China verbreitet. Seine Firma ist vor allem mit Warmwasseraufbereitern erfolgreich, die nun Millionen Haushalte in China auf umweltfreundliche Weise versorgen. Auch politisch ist Huang Ming zwischenzeitlich engagiert. Als Abgeordneter des Nationalen Volkskongresses arbeitete er an einem Gesetz für erneuerbare Energien mit, das 2006 in Kraft trat.

China am Scheideweg: zwischen unökonomischem Wachstum und ökologischer Zivilisation

Die Entscheidungen, die in den kommenden Jahren in China gefällt werden, werden das Schicksal der ganzen Welt bestimmen. Diese These ist nicht übertrieben. Nie zuvor in der Geschichte hatten Entscheidungen und die damit verbundenen Handlungen derart einschneidende Konsequenzen. Nie zuvor hat ein Land so viel Macht über die Zukunft des Lebens auf dieser Erde in Händen gehalten wie China heute.

Wenn China sich dazu entschlösse, weiterhin dem westlichen Weg zu folgen, würde sich die menschliche Zivilisation in Kriegen um Ressourcen mit Hunderten von Millionen von Flüchtlingen auflösen. Alles, was die Menschheit bisher erreicht hat und weiterhin zu erreichen hofft, ist heute bedroht. Die Erderwärmung ist „die schrecklichste Massenvernichtungswaffe der Welt" (John Kerry, US-Außenminister, Jakarta, 16.2.2014).

Eine ökologische Zivilisation aufzubauen, ist daher nicht irgendeine Option. Es ist die einzige Option, denn alles andere würde bedeuten, zukünftigen Generationen die Existenzgrundlage zu entziehen.

Daher kommt der Entscheidung Chinas allergrößte Bedeutung zu. Je nachdem welchen Weg China jetzt einschlägt: es hat die Macht, durch sein Beispiel und seinen globalen Einfluss andere Länder zu ermutigen, diesen Weg mit zu beschreiten.

„In der jahrtausendealten Zivilisation Chinas gab es zwischen Mensch und Natur niemals zuvor einen solch schwerwiegenden Konflikt wie in unseren Tagen", so der chinesische Umwelt-Minister Zhou Shengxian (*New York Times*, 7.6.2011). Und dieser

Konflikt bedroht heute viele Nationen. Der iranische Präsidenten-Berater Issa Kalantari befürchtet, dass das iranische Plateau zusehends unbewohnbarer wird, da sämtliche Vorräte an natürlichem Wasser austrocknen (*Ghanoon*, 9.7.2013).

Die Umweltzerstörung stellt die größte Bedrohung unserer Sicherheit dar. Sie rückgängig zu machen, muss zum zentralen Organisationsprinzip unserer Gesellschaften werden. In diesem Sinn muss alles was wir tun, neu bewertet werden.

Die Entstehung von Märkten in der Geschichte
China wird dazu gedrängt, dem „Markt" bei der Gestaltung des Wandels eine immer größere Rolle einzuräumen. Doch welchem „Markt"?

Amory Lovins, ein amerikanischer Pionier der Energieeffizienz, sagt: „Märkte sind gute Diener, schlechte Herren und eine noch schlechtere Religion."

Sigmar Gabriel, damals deutscher Wirtschaftsminister, klagte vor einigen Jahren, dass sich Ökonomen wie Theologen benähmen und Dogmen verkündeten wie „je weniger Staat, desto besser".

Aber Märkte sind gesellschaftliche Konstrukte, und abhängig von Regulierungen der Regierungen, damit sie funktionieren. Länder ohne Regierungen sind Anarchien, in denen kein Unternehmer investieren würde. Von daher kann es keine „freie" Wirtschaft oder Märkte geben.

Märkte dienen unterschiedlichen Zwecken. Im Mittelalter waren die Marktwirtschaften in Europa in die Gesellschaft eingebettet und folgten deren Normen und Werten. Reisende Kaufleute mussten sich verpflichten, fairen Handel zu treiben, ehe sie an den lokalen Märkten teilhaben durften. Die modernen Marktwirtschaften des Westens kennen derartige Einschränkungen nicht und haben in fast allen Lebensbereichen alle anderen Werte ersetzt.

Dabei gehen die Gewinne zum größten Teil an die Reichen. Von 2009 bis 2012 vergrößerte das begütertste 1 % in den USA seinen Reichtum um 31 %, der Rest der Bevölkerung nur um 0,4 % (*Financial Times*, 8.1.2014). 50 % der Kapitaleinkünfte in den USA gehen an ein Prozent der Bevölkerung (*New York Times*, 24.11.2011). In den vergangenen acht Jahren hat sich der Anteil derjenigen Amerikaner, die sich selbst zur „Unterschicht" zählen, verdoppelt.

Viele Marktwirtschaften fördern ein unökonomisches Wirtschaftswachstum, welches, wie indische Bauern klagen, zur Verarmung führt: Wachsende Erträge führen zu sinkenden Einkünften. Doch diese Fehler der gegenwärtigen Marktgesetze sind nicht die schlimmsten, denn diesen Opfern kann geholfen werden, während die Zerstörung der Umwelt oft irreparabel ist.

Lord Stern, früher Chef-Ökonom der Weltbank, bezeichnet die Klimaveränderung als das „größte Markt-Versagen", das die Welt je gesehen hätte. Der US-Ökonom Prof. Herman Daly, der den Index für nachhaltigen wirtschaftlichen Wohlstand (*ISEW, Index of Sustainable Economic Welfare*) entworfen hat, spricht von einem „gewaltigen Rechenfehler".

Die Rechnung müssen wir bezahlen
Die Kosten, die durch die Bekämpfung der Erderwärmung entstehen, sind die Rechnung, die die ganze Welt jetzt für das in den vergangenen Jahren zu billige wirtschaftliche Wachstum in den Industrieländern zahlen muss. Natürlich ist das nicht fair, und ärmere Länder haben das Recht, Entschädigungen zu verlangen, wenn sie diesen billigen Pfad jetzt nicht mehr benutzen können. Dennoch müssen auch sie im eigenen Interesse ihre Emissionen reduzieren. Denn das verbleibende globale CO_2-„Budget" ist derartig klein, dass laut Weltklimarat selbst eine (hypothetische) Reduzierung der

CO_2-Emissionen auf null in den Industrieländern nicht mehr ausreichen würde, eine globale Katastrophe zu verhindern.

Die chinesische Regierung hat die Möglichkeit, die zukünftige Entwicklung zu steuern, sowohl was die ökologische Umwandlung von Produktionskapazitäten zum eigenen Nutzen anbetrifft, als auch die Einführung von Regeln für eine ökologische Zivilisation weltweit.

Dazu gehört, dass China ökologische Steuern und Zölle einführt, denn solche Abgaben können bewirken, dass kein Land auf Kosten zukünftiger Generationen produzieren kann.

Ohne eine radikale Transformation wären die Folgen ein zunehmend unbewohnbareres China mit unökonomischem Wachstum.

Alternative Indikatoren für den Fortschritt
Was sind die Indikatoren für eine ökologische Zivilisation? Der frühere chinesische Staatspräsident Hu Jintao wollte ein Bewertungssystem mit Zielvorgaben, Belohnungen und Strafen einführen, welches den Ressourcenverbrauch, die Umweltzerstörung und die ökologische Effizienz misst.

Werte wie Harmonie mit der Umwelt, Respekt und Verantwortung sind in China fest verankert. Doch es bedarf entsprechender Verordnungen. In einer Welt, die an ihre natürlichen Grenzen stößt, müssen Regierungen Rahmenbedingungen schaffen, ehe die Natur dies selber tut. Es gibt ein Menschenrecht auf sauberes Wasser und Nahrungsmittelsicherheit. Aber es gibt kein Menschenrecht auf ein Auto oder auf billige Flugreisen auf Kosten zukünftiger Generationen. Eine ökologische Zivilisation bedeutet, *Recht* und *Verantwortung* miteinander zu verbinden.

Die energiehungrige Lebensweise der EU und der USA kann nicht länger ein Rollenvorbild sein. Aber „… ihre Kultur hat für die Jugend in den sich entwickelnden Nationen Vorbildcharakter.

Jeden Tag sehen sie die Werbung für Autos, große Häuser, SUVs, für hohen Konsum und denken, genau das macht den Erfolg aus ..." (*China Dialogue*, 18.2.2013).

Da der westliche Pro-Kopf-Ressourcen-Verbrauch schon rein physikalisch gesehen weltweit gar nicht möglich ist, muss die gerechte Verteilung der vorhandenen und begrenzten Ressourcen zum Eckstein einer ökologischen Zivilisation der Menschheit werden. Wie Zou Ji, der stellvertretende Direktor von Chinas *Centre for Climate Change Strategy*, es ausdrückte: „China muss sicheres Trinkwasser für ein Volk von hunderten Millionen bereitstellen und dafür sorgen, dass Häuser nicht bei mittelstarken Erdbeben einstürzen. Mehr Beton und mehr Stahl zu produzieren, bedeutet aber einen höheren Energieverbrauch ...".

Der heutige Kapitalismus lässt keinen Bereich aus. Alles bis hin zum ‚Dach überm Kopf' wird als „Investment" angesehen. Das zwingt die Jugend dazu, materialistischer zu werden oder sie werden an den Rand gedrängt. Die Menschen werden nicht mehr als Bürger, sondern nur noch als Konsumenten angesprochen.

Nachdem er von einer Anfrage der Walt Disney Corporation gehört hatte, einen Disney Park innerhalb eines amerikanischen Nationalparks zu errichten, fragte Prof. Marc Sagoff seine Studenten, ob sie einen solchen Park besuchen würden. Die überwiegende Mehrheit würde dies tun – das Konsumenteninteresse war eindeutig vorhanden. Dann fragte Prof. Sagoff die Studenten, ob sie der Meinung wären, die US-Regierung sollte die Genehmigung zum Bau erteilen. Nun war eine überwältigende Mehrheit dagegen und meinte, die Regierung stünde in der Pflicht, für zukünftige Generationen die Nationalparks intakt zu erhalten. Diese zweite Frage wird jedoch nur selten gestellt.

Die Werbung hat ein Klima ständiger Unzufriedenheit und Neid geschaffen. Auch Erwachsene im Westen stehen in dieser

Hinsicht häufig auf dem emotionalen Niveau unsicherer Teenager. Das ist das Resultat einer bewussten Strategie. Der Marketing-Pionier Paul Mazur beschreibt sie: „Wir müssen Amerika von einer Bedarfs- zu einer Verlangens-Kultur umformen ... Die Menschen müssen daran gewöhnt werden, neue Dinge haben zu wollen, auch wenn die alten noch nicht vollständig aufgebraucht sind" (*Century of the Self*, BBC 4, April-Mai 2002, von Al Gore zitiert in *The Future*). Das Ergebnis ist, dass die Amerikaner heute doppelt so viele Kleidungsstücke kaufen wie vor 20 Jahren. Die Summe, die der durchschnittliche Engländer für Kleidung ausgibt, hat sich zwischen 1990 und 2002 fast verdoppelt, was nach so vielen Jahrzehnten nichts mehr mit dem Mangel der Kriegs- und Nachkriegszeit zu tun haben kann.

Wie ist es dazu gekommen? Früher hat das Konsumverhalten den Bedürfnissen der Menschen und den vorhandenen Produktionskapazitäten entsprochen. Doch der Konsum stieg unaufhaltsam. Als in den 1970er Jahren Grenzen sichtbar wurden, konnten aufgrund der wirtschaftlichen Globalisierung diese Grenzen auf den ökonomischen und ökologischen Raum anderer Länder ausgeweitet werden. Heute sind natürliche Grenzen auf mehreren Gebieten schon global erreicht – und überschritten.

Jared Diamond schreibt in seinem Buch „Kollaps", dass viele frühere Gesellschaften untergegangen seien, weil sie zu lange an überalterten Glaubenssystemen, die ihnen einst zum Vorteil gereichten, festhielten. Aber einen weltweiten Kollaps hat es noch nie gegeben.

In China wären die Auswirkungen des steigenden Konsums und Ressourcenabbaus schon aufgrund des schieren Umfangs und der Geschwindigkeit der Urbanisierung besonders verheerend. Wenn China ein nachhaltiges Modell für Zivilisation und Wohlstand entwickeln würde, könnte es ein Vorbild für den Rest der Welt werden. Ein solch neues Modell würde darauf basieren, dass Städte bei der Regenerierung der Ressourcen und Ökosysteme, von denen sie abhängen, eine zentrale Rolle spielen. Es geht darum, nicht nur ein konstantes Niveau der Bereitstellung von Ressourcen zu erreichen, sondern dieses zu verbessern durch die Wieder-Gesundung der Ökosysteme. Nur so sichern wir echten Wohlstand, für heutige und zukünftige Generationen.

Westliche „fortgeschrittene" Ökonomien können keine Vorbilder mehr sein.
Die „Märkte" des Westens, sind in Wirklichkeit Planwirtschaften, geplant im Interesse großer Aktiengesellschaften, und verpflichtet kurzfristige Profite zu priorisieren. Lord Stern wurde bezichtigt, in seinem Bericht von 2006 die Kosten der Auswirkungen des Klimawandels überschätzt zu haben, durch die Verwendung eines zu niedrigen Diskontsatzes. Tatsächlich hat sich aber herausgestellt, dass seine Berechnungen noch zu optimistisch waren. Pavan Sukhdev, Ex-Banker, Mitglied des WFC und Autor von *The Economics of Ecosystems and Biodiversity* weist darauf hin, dass westliche Ökonomen davon ausgehen, dass wir immer reicher werden. Wenn das nicht eintritt, wären die Folgen negative Diskontsätze und die starke Verteuerung und Verknappung der noch vorhandenen natürlichen Ressourcen mit massiven wirtschaftlichen Konsequenzen.

Prof. David Korten, USA, ehemals Harvard Business School, hat in seinen Büchern *When Corporations rule the World* (1995) und in *The Post-Corporate World: Life after Capitalism* (1990) die Mythen hinter der Markt-Propaganda beschrieben. Bemerkenswerterweise hat selbst Professor Klaus Schwab, der Begründer des Weltwirtschaftsforums in Davos, die Thesen vor kurzem als „hoffnungsvolles Zeichen für die Zukunft" bezeichnet. In den letzten Jahren hat das Weltwirtschaftsforum wiederholt vor der Instabilität der gegenwärtigen Weltordnung gewarnt und auf die vielfältigen

Gefahren hingewiesen, u. a. auf das Problem der Beschaffung der benötigten Billionen für Investitionen in die Infrastruktur für eine kohlenstoffarme Wirtschaft. Dass sich derartige Investitionen für unsere Kinder rentieren würden, steht außer Zweifel. Unsere Märkte müssten aber ihre Kosten-Nutzen-Kalkulationen korrigieren, um alle Kosten auch als solche zu erfassen.

Die Schaffung von Märkten, die einer ökologischen Zivilisation verpflichtet sind, das heißt die die Produktionskosten zur Gänze mit einbeziehen, stellt ohne Frage eine gewaltige Herausforderung dar. Die Anpassung der Berechnungsgrundlagen an die realen Kosten würde zeigen, dass die meisten Geschäftsmodelle und ein Großteil des gegenwärtigen Wachstums unökonomisch sind. Wie schwierig solche Korrekturen sein werden, hat die Aufkündigung von Subventionen für Benzin[1] – eine vergleichbar winzige Reform – gezeigt. Das führte in einer Reihe afrikanischer und asiatischer Staaten zu Unruhen und in einigen Fällen wurden diese Maßnahmen wieder aufgehoben.

Nur eine starke Regierung eines großen Landes wäre in der Lage, die globale Leadership-Rolle bei der Planung und Umsetzung einer kohärenten Strategie zur Berücksichtigung der ökologischen Kosten zu übernehmen. Das würde natürlich neue Geschäftsideen für nachhaltige Produkte und große Möglichkeiten für wirkliche Unternehmer bieten.

Die „fortgeschrittenen" Ökonomien des Westens haben sich als unfähig erwiesen, diese Führung zu übernehmen, da ihre Regierungen zu ideologischen Gefangenen wirtschaftlicher Dogmen, die sie oftmals selber nicht verstehen, geworden sind.

Der frühere US-Vizepräsident Al Gore sagt, dass je mehr Entscheidungsmacht über die Zukunft von politischen Systemen auf

---

[1] Die jährlichen Subventionen auf Erdöl belaufen sich auf 1,9 Billionen US-Dollar.

die Märkte verlagert wurde, desto schwächer wurden die Kräfte der demokratischen Selbstverwaltung. Diese seien in den USA heute dysfunktional und nicht mehr in der Lage, wichtige Entscheidungen zu treffen (*The Future*, 2013). Gore bezeichnet die „große Mehrheit" der Mitglieder des US-Kongresses nur noch als „Repräsentanten all derer, die ihnen Geld geben". Und Robert Gates, US-Verteidigungsminister in der Bush- und der Obama-Regierung, beschreibt in seinen Memoiren den Großteil des Kongresses als zu inkompetent, um die elementarste konstitutionelle Verantwortung zu übernehmen, und anfällig dafür, den eigenen Vorteil vor den des Landes zu stellen.

So überrascht es nicht, dass die Amerikaner pessimistisch sind. Eine Meinungsumfrage des Pew-Forschungszentrums in 39 Staaten fand heraus, dass nur 33 % der Menschen in den USA erwarteten, das Leben ihrer Kinder würde besser werden als ihr eigenes, und 62 %, dass deren Leben schlechter würde. In Deutschland, Frankreich und im Vereinigten Königreich erwarteten nur 28 % bzw. 9 % und 17 % der Befragten, dass das Leben ihrer Kinder besser würde, während in China dieser Wert bei 82 % lag.

Während westliche Politiker verkünden, dass der „Markt", das heißt die Macht der Konzerne, das Narrenparadies des ungebremsten Wachstums der Zeit vor der Krise wiederherstellen würde, befürworten ihre Bürger eine stärkere Rolle des Staats. Selbst in Deutschland, das vergleichsweise wenig von der globalen Krise berührt ist, würde eine Mehrheit ein „staatlich organisiertes ökonomisches System" der „Marktwirtschaft" vorziehen (*Frankfurter Allgemeine Zeitung*, 27.11.2013). Die Befragten gaben sich dabei keinen Illusionen hin: 81 % verbinden ein staatlich organisiertes System mit „Bürokratie", eine Mehrheit glaubt dennoch, sie würde besser leben, hätte der Staat mehr Kontrolle.

Die Befürworter des Marktes betonen die bürokratischen Hürden, die es in vielen Ländern zum Beispiel erschweren, Unternehmen zu gründen. Der Wirtschaftswissenschaftler Hernando de Soto aus Peru, der seit Jahrzehnten über dieses Thema schreibt, hat am Beispiel des tunesischen Obstverkäufers, der von der Polizei schikaniert wurde und dessen Selbstmord einer der Auslöser des Arabischen Frühlings war, die Probleme beschrieben. Er betont aber, dass die Lösung „Legalisierung" sei, nicht unbedingt Privatisierung, sondern klar definierte Eigentumsrechte (zum Beispiel auch von Kooperativen und Gemeinschaften) und verbindliche Gesetze.

Derzeit gibt es Schätzungen zufolge eine Investitionsblase von 20 Billionen US-Dollar von *stranded assets*, verlorenen Investitionen, die aufgrund der nötigen Umweltauflagen gegen einen katastrophischen Klimawandel abgeschrieben werden müssen. Diese Naturkapital-Zerstörung muss noch zu den Umweltschäden addiert werden, die durch die Verbrennung von Kohle, Öl und Gas auftreten.

WFC-Studie: Die monetäre Bewertung der Nichtnutzung von erneuerbaren Energien
Erneuerbaren Energien wird immer noch vorgeworfen, dass sie nach rein betriebswirtschaftlichen Kriterien mit hohen Kosten verbunden und daher nicht wettbewerbsfähig seien. Ebenso kann aber die Frage gestellt werden, welche Kosten entstehen, wenn die regenerativen Energien nicht genutzt werden. Denn jeder Tag, an dem das vorhandene Potenzial der regenerativen Energiequellen nicht genutzt wird und stattdessen fossile Rohstoffe (Kohle, Öl, Gas) zur Energieerzeugung verbrannt werden, führt zu einer endgültigen Vernichtung dieser Rohstoffe. Damit entfällt auch die Möglichkeit, diese Rohstoffe in der Zukunft für andere, wichtige

nichtenergetische Zwecke zu verwenden. Diese Tatsache wiegt besonders schwer, weil die Rohstoffe im Rahmen einer nachhaltigen Kreislaufwirtschaft (*Cradle-to-Cradle*) bei einer nichtenergetischen Nutzung immer wieder verwendet werden können, bei einer rein energetischen jedoch nicht. Der World Future Council konnte in einer Studie zeigen, dass der gesamte zukünftige Nutzenverlust, der aus der nur einmalig möglichen energetischen Verwendung von Öl, Gas und Kohle in einem Jahr resultiert, mit einem Betrag zwischen 3,2 und 3,4 Billionen US-Dollar zu bewerten ist.

Viele Bewertungen von Investment-(z. B. Pensions-)Fonds beruhen auf unrealistischen Wachstumsszenarien. Rücklagen können Wohlstand nur in dem Ausmaß in die Zukunft transferieren, wie sie zur Produktion neuen Wohlstands investiert werden. Jahrzehntelang aber haben die Industriestaaten viel schneller Forderungen auf zukünftigen Wohlstand aufgehäuft, als dass sie neuen Wohlstand generiert hätten. Diese wachsende Verschuldung hat die Illusion eines kontinuierlichen und wachsenden Reichtums erzeugt. Doch Ressourcen können nur einmal benutzt werden. So kann beispielsweise das Material und die Arbeitskraft, die gebraucht werden, um Wälle gegen den ansteigenden Meeresspiegel zu errichten, nicht gleichzeitig dazu eingesetzt werden, um Häuser für die nächste Generation zu bauen.

Zum Glück gibt es noch beträchtliche freie Produktionskapazitäten, die eingesetzt werden können, sobald die derzeitige „Sparpolitik" rückgängig gemacht wird.[2]

---

[2] In einer Studie „Costs of Austerity: Squandering our Productive Resources – Die Kosten dieser Sparpolitik: Verschwendung unserer Produktions-Ressourcen" hat der Weltzukunftsrat den Wert der aufgrund der Sparpolitik nicht produzierten Güter weltweit berechnet. Er beläuft sich auf jährlich mindestens 2,3 Billionen US-Dollar – ganz abgesehen von dem großen menschlichen Leid, das durch Langzeit-Arbeitslosigkeit entsteht.

WFC-Studie: Die Kosten der Austeritätspolitik
Oder: wie wir unsere vorhanden produktiven Ressourcen vergeuden

Seit über drei Jahrzehnten wird von den meisten Industrieländern fast durchgängig eine strenge Austeritätspolitik betrieben. Diese – letztlich nur ideologisch begründete – Selbstbeschränkung bei der Nutzung unserer bestehenden ökonomischen Potentiale hat zu einer dauerhaft hohen Arbeitslosigkeit geführt. Aufgrund der damit verbundenen sozialen Ausgrenzung großer Bevölkerungsteile wird von Soziologen bereits von einer neuen Abstiegsgesellschaft gesprochen (Nachtwey, 2016). Absurderweise steht dem „unter den Verhältnissen leben" auf der ökonomischen Ebene ein „über den Verhältnissen leben" auf ökologischer Ebene gegenüber. Dieser Widerspruch wäre jedoch leicht aufzulösen, wenn die freien produktiven Ressourcen für den globalen Aufbau regenerativer Energien und den nachhaltigen Umbau unserer Produktionsweise genutzt werden würden.[3] Für die Eurozone allein ergab sich ein Wert von rund 580 Mrd. Euro. Diese Werte sind als konservative Schätzungen zu verstehen, da nur die Hälfte der global offiziell registrierten Arbeitslosen von ca. 200 Millionen (ILO) als freies Arbeitskräftepotenzial in die Bewertung eingeflossen ist (*Oliver Nachtwey: Die Abstiegsgesellschaft, Frankfurt/Berlin 2016*).

Die einflussreichen, für die gegenwärtigen massiven Kalkulationsfehler verantwortlichen Ökonomen, sind aufgrund ihrer Marktideologie offenbar nicht in der Lage zu begreifen, wie die Wirtschaft tatsächlich funktioniert. Einige von ihnen (zum Beispiel William Nordhaus und Thomas Schelling) glauben ernsthaft, dass ein Zusammenbruch zum Beispiel der Lebensmittelproduktion

---

[3] Der World Future Council hat die Höhe dieser ungenutzt vergeudeten Ressourcen in einer Studie bewertet: Darin konnten die globalen Kosten der Austeritätspolitik in Form von verlorener Produktion an Gütern und Dienstleistungen auf wenigstens 2,3 Billionen US-Dollar pro Jahr geschätzt werden.

durch den Klimawandel leicht durch „Wachstum" in anderen Wirtschaftsbereichen aufgefangen werden könne. Präsidenten-Berater Lawrence Summers, damals noch bei der Weltbank, vertrat die Meinung, dass es ökonomisch sinnvoll wäre, die Industrien, die in großem Maßstab Schadstoffe freisetzen, in ärmere Länder mit geringerer Lebenserwartung zu verlegen. Sie alle glauben, dass allein die „Magie des Marktes" die gewaltige öko-industrielle Umwandlung, die unser globales Produktionssystem derzeit benötigt, bewerkstelligen könnte. Orio Giarini vom Risk Institute beschreibt diesen Glauben an die Macht des Marktes als gleichbedeutend mit einem Glauben an Mythen oder Magie" (*Intinerary to the Third Age*, 2013, S. 6).

Umbau der Wirtschaft Chinas nach chinesischen Bedürfnissen – nicht nach denen der Wall Street

China hat gezeigt, dass es einen sehr schnellen Wandel bewerkstelligen und schaffen kann. Das derzeitige Wachstum an erneuerbarer Energieproduktion hat selbst die optimistischsten Vorhersagen weit übertroffen. Die FAO (Food and Agriculture Organization of the United Nations/Bericht der Ernährungs- und Landwirtschaftsorganisation der UN) berichtet, dass in den letzten Jahren 40 % mehr Bäume in China als im gesamten Rest der Welt angepflanzt wurden. Aber viele Herausforderungen bleiben.[4] Mutterboden geht 50 Mal schneller verloren, als er auf natürliche Weise ersetzt wird[5] und fast 1400 Quadratmeilen bebaubaren Ackerlandes werden jährlich an die Wüsten veloren.[6] Der Einsatz von synthetischem

---

[4] Kevin Jianjun Tu, Carnegie Endowment for International Peace Policy Outlook, Feb. 2012.
[5] Al Gore, The Future, 2013, S. 183.
[6] „Wüstenbildung ist die größte Bedrohung des Planeten", warnen Experten (*The Guardian*, 15.12.10).

Stickstoffdünger hat in den letzten beiden Jahrzehnten um 40 % zugenommen (obwohl die Getreideproduktion relativ stabil geblieben ist); dies hatte eine massive Algenbildung in Flüssen, Seen und Küstengebieten zur Folge.[7] Auch ist zu bedenken, dass die großen Wiederaufforstungsprojekte auf Kosten von Widerstandsfähigkeit und Biodiversität auf Monokultur bauen. Schätzungsweise wurden 30 % der chinesischen Windgeneratoren bisher nicht ans Netz angeschlossen, und die meisten neuen Gebäude entsprechen nicht den gesetzlichen chinesischen Energieeffizienz-Normen. Dringend ist jetzt eine ökologische „Neugewichtung" der chinesischen Wirtschaft.

Doch diese zu unterstützen, steht nicht auf der Agenda derjenigen, die sich derzeit im Westen für eine „Liberalisierung" und „Deregulierung" der chinesischen Wirtschaft aussprechen, wozu auch die vollständige Privatisierung von Banken, die Lockerung der Bestimmungen für grenzüberschreitenden Kapitalfluss etc. gehören. Es ist deshalb sehr wichtig, dass Chinas Wirtschaft den chinesischen Bedürfnissen entsprechend und nicht denen von Wall Street und den großen Weltkonzernen umgebaut wird. Diese wollen Chinas Finanzsektor für US-Banken öffnen, wobei chinesische Rücklagen den westlichen Kapitalmarkt ankurbeln sollen. Wenn das geschieht, dann haben „Hedgefondsmanager ... allen Grund, sich zu freuen" (*The Guardian*, 4.11.2013). Doch eine solche Abhängigkeit würde den chinesischen Traum einer ökologischen Zivilisation zunichtemachen.

Ob China sich dieses Konflikts und Risikos bewusst ist? Es gibt Hinweise auf einen „Masterplan" und auf „Ausgleich für den Einsatz natürlicher Ressourcen", doch Berichte von der dritten Plenarsitzung des Zentralkomitees der KPC zeigen auch, dass dort

---

[7] Al Gore, The Future, 2013, S. 189-190.

der Glaube an die „Magie des Marktes" durchaus vertreten ist: „Die Einführung eines gemeinsamen, aber offenen, geordneten und auf Wettbewerb ausgerichteten Marktsystems bedeutet auch, dass der Markt eine bestimmende Rolle bei der Verteilung von Ressourcen spielen wird" (*China Daily*, 15.-21. November 2013, S. 14).

Ob die chinesischen Entscheidungsträger merken, dass viele westliche Ökonomie-Handbücher keine akademischen Abhandlungen, sondern häufig ideologisch geprägte Publikationen sind, die verschweigen, dass die existierenden Marktwirtschaften eben nicht „frei" sind, sondern die Macht und den Reichtum einer habgierigen Minderheit schützen und vermehren?

Eine Art, die Wirklichkeit auszublenden, ist die obskure und komplexe Sprache, derer man sich bedient. Wir leben in einer Welt, die von einem globalen Finanzmarkt beherrscht wird, den nur sehr wenige auch nur ansatzweise verstehen. So haben westliche Politiker weitreichende Abmachungen abgesegnet, die sie nicht einmal gelesen haben – wie der englische Außenminister zugab, nachdem er den Vertrag zur Gründung der Europäischen Zentralbank unterzeichnet hatte.

Die chinesische Schule der Geldschöpfung

In einer Welt, die vom Geld regiert wird, ist die Bedeutung von Geldschöpfung von vitaler Bedeutung. In der Geschichte gab es zwei grundlegende Schulen, deren erste in China entstand. Der klassische chinesische Text über Geldtheorie stammt aus dem 4. oder 3. vorchristlichen Jahrhundert. Er warnte vor den katastrophalen Folgen, wenn ein Herrscher die Kontrolle über den Wohlstand der Gesellschaft verliert (*Fountain of Fortune, Money and Monetary Policy in China 1000-1700*, Richard von Glahn, UCLA Press, Los Angeles 1996). Die Mechanismen, Wohlstand und Wohlstandsschöpfung zu kontrollieren, bestanden in der Kontrolle der

Regierung über das Geld, von dem gesagt wurde, es wäre erfunden worden, um die Menschen vor unnötigem Leid zu bewahren. Um das 10. nachchristliche Jahrhundert verfügte China über das fortschrittlichste Geldsystem der Welt; es beruhte auf Papiergeld, das vom Kaiser ausgegeben und in seinem Herrschaftsgebiet verbreitet wurde, auch, um öffentliche Projekte zu finanzieren. Papiergeld wurde auch während der Song-, Yuan- und Ming-Dynastien benutzt. Wenn ein Kaiser mehr Geld ausgab, als die wirtschaftliche Produktivität dies zuließ, funktionierte dieses System nicht und hatte eine Inflation zur Folge. Wenn aber begriffen wurde, dass Geld gegen Leistung nicht inflationär ist, und neues Geld nur für die Nutzung ungenutzter Produktivitäts-Ressourcen eingesetzt wurde, war Papiergeld in der damals weltgrößten Ökonomie über lange Zeiträume sehr nützlich.

Im mittelalterlichen Europa herrschte dagegen eine vollkommen andere Schule der Geldschöpfung.[8] Man war der Meinung, dass nur kostbare Metalle, vor allem Gold, einen tatsächlichen Wert darstellten. Da diese Metalle jedoch trotz aller Versuche der Alchimisten knapp blieben, blieb Europa arm, und seine Herrscher verschuldeten sich, während es den Geldverleihern gut ging. Sie – die Goldschmiede, später Bankiers – verliehen immer mehr Geld gegen Zinsen. Bald fanden sie heraus, dass sie mittels Schuldscheinen ein Mehrfaches von dem hinaus verleihen konnten, was sie an Goldwert hielten. Und so ist es heute immer noch der Fall.

„Das Wesen des heutigen Geldsystems ist die Geldschöpfung – aus dem Nichts heraus – durch die oft törichte Geldverleihe der Privatbanken. Es stellt sich die Frage, warum eine derartige Privatisierung einer öffentlichen Funktion als richtig und korrekt

---

[8] „In der westlichen Geschichtsschreibung wird das Auftauchen von Papiergeld in China als unerklärliche Fehlentwicklung bezeichnet.", R. von Glahn, S. 43.

angesehen wird, die Vorgehensweise der Zentralbank jedoch, die auf den Druck des öffentlichen Bedarfs reagiert, als ein Weg in die Katastrophe?" (Martin Wolf, *Financial Times*, 9.11.2010).

Das ist nicht das, was im Lehrbuch steht. In *The Rise of the People's Bank of China* zitieren Stephen Bell und Hui Feng einen (ungenannten) Vertreter dieser Bank mit den Worten: „Anfänglich hatten wir keine Erfahrung mit der modernen Geldwirtschaft. Gouverneur Dai Xianlong gab darum Mitte der 1990er Jahre jedem Abteilungsdirektor der PBC ein Exemplar von Mishkins Buch (*The Economics of Money, Banking, and Financial Markets*) zu lesen. Damals nannten wir den Rahmen unserer Geldpolitik den ‚Mishkin-Rahmen'."

Aber beschreibt Mishkin denn, wie die „moderne Geldwirtschaft" tatsächlich funktioniert? Nein. Die Schöpfung von Geld aus dem Nichts wird nur einmal auf S. 388 erwähnt („Die Bank hat mit dem Akt des Verleihens ... Geld erschaffen").

Davor behauptet Mishkin wiederholt, dass Banken und Finanzmärkte lediglich Vermittler seien:
- die „Geldanlagen akzeptieren und Kredite vergeben" (S. 48).
- die „unproduktive Mittel von Menschen an solche weiterleiten, die keine Mittel haben und die damit produktiv werden können" (S. 59).

Mishkins Ideologie kann man anhand seiner Einschätzung der Finanzkrise 1997-98 in Asien erkennen: So wird Südkorea wegen seines „Missmanagements" kritisiert; aber nicht der Internationale Währungsfonds. Auch wird Malaysia nicht erwähnt, das die Krise am schnellsten überwand, weil es die Ratschläge des Währungsfonds in den Wind schlug.

Während sämtliche Finanz- und Geldsysteme versagen können, hat das traditionelle chinesische System des vom Staat ausgegebenen

Geldes (schuld- und zinsfrei) viele Vorteile, verglichen mit der westlichen „Mindestreserve"-Politik. Mit den modernen Kontrollmöglichkeiten, die dafür sorgen, dass die Schöpfung neuen Geldes, zum Beispiel durch die Zentralbanken im Auftrag der Regierung, nicht exzessiv und inflationär wird, kann dieses System:
- eine größere Stabilität als das gegenwärtige „Kartenhaus"-System bewirken, das – im Gegensatz zu Lehrbuch-Behauptungen – der privaten Geldschöpfung keine wirksamen Grenzen setzt;[9]
- Zinszahlungen ersparen, die die Kosten von Infrastrukturprojekten oft verdoppeln oder verdreifachen;
- dafür sorgen, dass die „Seigniorage"-Profite der Geldschöpfung an die Öffentlichkeit und nicht an die Banken gehen;
- Geld für die ökologisch dringendsten und sozial nützlichsten Projekte einsetzen und nicht für Spekulationen.

In mehreren europäischen Ländern, zum Beispiel in Frankreich, wurde der Regierung gestattet, sich bis in die 1970er Jahre durch Geldschöpfung selber zu finanzieren. 2012 veröffentlichten Wissenschaftler des Internationalen Währungsfonds ein Arbeitspapier mit dem Titel *The Chicago Plan revisited*.[10]

Im Gegensatz zum heutigen System, wo Banken Geld auf Schuldenbasis schaffen, indem sie Kredite vergeben, schlagen sie vor, das Finanzsystem auf der Basis des sogenannten Chicago Plans aus den 30er Jahren zu stabilisieren, das vorsah, Kredite, die Banken vergeben, mit schuldfreiem Bargeld der Zentralbank in gleicher Höhe zu ersetzen. Konjunkturausschläge nach oben und

---

[9] Man braucht keine Einlagen, um Kredite bereitzustellen. „Reserven" können durch Banken mithilfe von Rückkäufen geschaffen werden; sie sind gleichfalls Schulden.
[10] Zu finden auf: http://www.imf.org/external/pubs/ft/wp/2012/wp12202.pdf

unten würden verringert, sowie öffentliche und private Schulden. Der Chicago Plan war ein Vorschlag, der die USA aus der Krise in den 1930er Jahren führen sollte, der aber nicht umgesetzt wurde.

Wenn China den Weg einer ökologischen Gesellschaft einschlagen will, müsste das Land einige kürzlich gemachte Schritte in Richtung des unökologischen westlichen Finanz- und Marktsystems rückgängig machen und stattdessen ein in der chinesischen Geschichte verwurzeltes und ökologischen Grundsätzen verpflichtetes System einführen.

Die Macht noch weiter zu privatisieren, wird den Übergang zu einer ökologischen Gesellschaft noch schwieriger, wenn nicht unmöglich machen. Denn wie soll eine Regierung die notwendigen Veränderungen gegen die Kapitalinteressen, die vom status quo profitieren, durchsetzen, wenn sie diese Interessen weiter ermächtigt? Im Westen erhalten Banken derzeit billige Darlehen von den Zentralbanken, die sie den Regierungen mit gewaltigem Profit ausleihen. Kann man das wirklich als ein „fortschrittliches" Geldsystem bezeichnen? Haben sich Privatbanken als besser qualifiziert erwiesen, um Kreditrisiken einzuschätzen?

Die von Bell und Feng (ohne Namensnennung) interviewten PBC-Vertreter (*Peoples Bank of China*) sind einerseits skeptisch, was das westliche Finanzsystem angeht: „Wir haben festgestellt, dass der wirtschaftliche Übergang in unserem Land so einzigartig ist, dass nur wenige westliche Theorien uns fundierte Erklärungen und Anleitung geben könnten" (S. 105).

Andererseits nehmen sie, nachdem sie u. a. durch den Weltwährungsfonds (IMF) und die US-Notenbank (Fed) eingewiesen wurden, eine defensive und entschuldigende Haltung ein: „Wir haben einfach nicht so erfahrene Institutionen wie die fortschrittlichen Ökonomien ... Wir stellen ja nicht die Validität der westlichen

Finanz-Doktrinen in Frage. Nur in unserem Szenario funktionieren sie einfach nicht" (S. 106).

Man kann nur hoffen, dass chinesische Beamte weiterhin die westliche Finanz-Doktrin infrage stellen und ihre eigenen Vorteile nicht aufgeben. Wie Bell und Feng schlussfolgern: „Die PBC hat sehr viel Munition in ihrem währungspolitischen Arsenal" (S. 208).

Wenn Kritiker behaupten, dass „China noch Dimensionen der Finanzmarkt-Entwicklung fehlen" (*The Dollar Trap*, Eswar Prasad), dann wird China hoffentlich darauf antworten, dass die Dimensionen, in der die „entwickelten" Finanzmärkte versagt haben, gigantisch sind und dazu führen, dass die menschliche Zivilisation und die Lebensgrundlage zukünftiger Generationen bedroht sind.

Um die eigenen Profite zu steigern, wird China geraten, Schulden anzuhäufen, da dadurch die chinesische Währung, der Renminbi, als Reservewährung, attraktiver würde. Doch ein Zusammenhang zwischen dem Aufbau einer ökologischen Gesellschaft und der Schaffung spekulativer Renminbi-Derivaten durch die Wallstreet ist nicht erkennbar. Sha Zukang, der ehemalige UNO-Unter-Generalsekretär für wirtschaftliche und soziale Angelegenheiten, hat stattdessen eine neue Reserve-Weltwährung gefordert, die der Vorherrschaft des US-Dollars ein Ende machen sollte: „Zur Bewältigung von Ungleichgewichten könnten gute Ergebnisse erzielt werden, wenn das Privileg der Länder mit Reserve-Währung, externe Defizite zu machen, um internationale Liquidität zu erreichen, beschnitten würde. Ein solches System würde auch eine gerechtere Methode darstellen, die Seigniorage zu teilen, die aus der Bereitstellung einer globalen Liquidität resultiert" (Istanbul, 5.10.2009; vgl. www.un.org).

Doch die wichtigste Herausforderung Chinas wird darin bestehen, sicherzustellen, dass nicht die „Aufsicht des globalen

Kapitalismus, dessen Regeln von der Pax Americana verfasst wurden, stärker wird."[11]

Eine ökologische Gesellschaft aufzubauen, ist heute für China ein „Muss".

China verfügt über die Möglichkeiten und die Macht, den Wandel einzuleiten, aber zur Macht kommt auch die Verantwortung. Wenn heute aber jemand die Macht hat, die globale Veränderung einzuleiten, dann ist das China.

Die Arbeit des Weltzukunftsrats in China wird sich zunächst darauf konzentrieren, die Umsetzung der besten Richtlinien für neue und wachsende Städte begleitend zu unterstützen. Die erste internationale Konferenz über regenerative Städte fand am 15. September 2015 in Peking statt.

---

[11] „Chinas paradoxer Versuch, eine Weltwährung zu schaffen", *Financial Times*, 17.6.2014.

Der Weg zur regenerativen Stadt
Expertenkommission für Städte und Klimawandel

Der WFC hat das Konzept der „regenerativen Stadt" erfolgreich im internationalen Diskurs zur Stadtentwicklung etabliert. Experten des WFC beraten städtische Akteure, politische Entscheidungsträger und internationale Organisationen, unter anderem die Vereinten Nationen, zu Instrumenten und bester Politik für regenerative städtische Entwicklung. Auch hat beispielsweise die UN-Städteorganisation ‚UN HABITAT' die Vision der regenerativen Stadt als Vorschlag für die Mitgliedsstaaten aufgenommen. Im Jahr 2015 wurde ein Büro in Beijing, China, eröffnet, das sich auf das Thema Regenerative Stadtentwicklung fokussiert.

Die Zukunft der Städte

*Wenn die Menschen das Tao stören,
wird der Himmel beschmutzt,
wird die Erde ausgelaugt,
bricht das Gleichgewicht zusammen,
und die Lebewesen werden ausgelöscht.*

Lao-tse schrieb diese Warnung vor mehr als 2500 Jahren: Was hätten wir gesagt, wenn unsere Vorfahren die Erde so verseucht hätten, wie wir das tun? Was sollen wir unseren Kindern und Enkeln erzählen, wenn sie fragen: Was hast Du getan, als der Krieg gegen die Klimakatastrophe noch zu gewinnen war? Werden wir unserer historisch einmaligen Verantwortung gerecht oder sind uns unsere Karrieren wichtiger? Ökonomische Krisen können gemeistert werden, aber eine zerstörte Umwelt ist nicht reparierbar, es gibt kein Wachstum, keine Entwicklung und keinen Wohlstand, sondern nur Chaos und Krieg.

Westliche Entscheider sind in einem überholten Glaubenssystem gefangen, wonach Konzerne und Märkte die notwendige Umwandlung unserer Wirtschaft aus sich heraus bewältigen können. Die westlichen Modelle der Wohlstandsvermehrung beruhen darauf, dass der Reichtum zukünftiger Generationen verbraucht und verschleudert wird.

Doch die sich immer schneller vollziehende Klimaveränderung und ökologischen Krisen wie Wasserknappheit und die rasante Verminderung der Biodiversität werden diesen Trugschluss schnell aufdecken.

Wenn China dem westlichen Weg folgt, wird die menschliche Zivilisation vermutlich kollabieren. Die Transformation Chinas in den letzten Jahrzehnten hat aber gezeigt, wozu dieses Land in der Lage ist.

Das gibt uns die Hoffnung, China könne der Welt zeigen, wie eine ökologische Zivilisation realisiert werden kann. Beschlüsse, die in den kommenden Jahren in China gefasst werden, werden das Schicksal unserer Welt entscheidend prägen.

Diese Konferenz widmet sich den Städten, in denen der Großteil der Menschheit schon heute lebt und in denen innerhalb der kommenden dreißig Jahre noch viel mehr Menschen leben werden.

- Die Herausforderung besteht heute nicht mehr nur darin, nachhaltige, sondern auch regenerative Städte zu bauen. Diese Umwandlung muss von einem alle sozialen Schichten umfassenden Prozess der Stadtentwicklung unterstützt werden.
- Die Vision regenerativer Städte besteht nicht nur in der Begrünung des städtischen Umfeldes und dem Schutz der Natur vor der Ausdehnung der Städte – wie wichtig das auch ist. Sie besteht vor allem darin, dass städtische Produktions-, Konsum- und Konstruktions-Systeme „grüner" werden. Auf der ganzen Welt gibt es dafür bereits eine ganze Reihe von Technik-, Management- und Politik-Lösungen von ökologischem, gesellschaftlichem und wirtschaftlichem Nutzen.
- Die Umsetzung des Konzepts regenerativer Städte, zuerst 2010 im Bericht *Regenerative Cities* des Weltzukunftsrats vorgestellt, bedeutet im Wesentlichen, eine die Umwelt verbessernde und stärkende Beziehung der Städte mit ihrem natürlichen Umfeld zu entwickeln, von dessen Ressourcen sie abhängen. Ebenso bedeutet es, städtische Gemeinschaften zu fördern, in denen die Menschen von diesem Prozess profitieren. Der offizielle Beginn der Weltzukunftsrat-Arbeit in China

wurde beim Future of Cities Forum in Beijing und Tianjin im September 2015 gefeiert. Dieses verbindet Chinas Arbeit zur Schaffung regenerativer Städte mit den globalen Rahmenstrategien wie SDGs und Habitat III. Ein WFC-Bericht über regenerative Städte in China wurde präsentiert.[1] Mit seiner Arbeit in China hat der World Future Council Verständnis für notwendige Policy-Schritte geschaffen, um nachhaltige, ressourcenschonende und lebenswerte Gemeinschaften zu erreichen. Der WFC ist überzeugt, dass China die notwendige Kraft für eine globale Transformation zu einer nachhaltigen Zukunft sein kann. Durch die Eröffnung des WFC-Büros in Beijing will der WFC eine wichtige Botschaft senden: Ein globaler Einsatz ist dringend gefragt, sowohl um China während seines schwierigen aber unerlässlichen Übergangs zu unterstützen, also auch um von seinen Erfolgen und Fehlern zu lernen.

- Die Planung neuer sowie die „Nachbesserung" bereits bestehender Städte muss einen grundsätzlichen Paradigmenwechsel durchlaufen. Der städtische „Stoffwechsel" muss von seiner gegenwärtigen Arbeitsweise als ineffektives und verschwenderisches lineares Input-Output-System in ein Ressourcen-effizientes und regeneratives kreisförmiges System umgewandelt werden.
- 2015 war ein entscheidendes Jahr für das, was gemeinhin als nachhaltige Entwicklung gilt. Die Ergebnisse der *Internationalen Konferenz für die Finanzierung der Umwelt – International Conference on Financing for Development (FfD)*, der UN-Gipfel, der die Agenda für nachhaltige Entwicklung nach

---

[1] https://www.worldfuturecouncil.org/china-annual-report-2016/

2015 formuliert wie auch die Klimarahmenkonvention der UNO, COP 21 in Paris, werden die Entwicklung für die nächsten Jahrzehnte bestimmen.
- Die Habitat III-Konferenz, die eine neue urbane Agenda vorlegen will, wird grundsätzlich von den Ergebnissen dieser globalen Prozesse beeinflusst sein.

Der World Future Council will mit seiner Arbeit zu Regenerativen Städten zwei Themen hervorheben:

erstens, die Herausforderung der Umwelt- und Klimaprobleme, mit der Städte heute konfrontiert sind;

zweitens, ein neues Modell der Stadtentwicklung, welches die Beziehung zwischen den Städten und ihrem Hinterland im gegenseitigen Interesse neu ordnet. Städte müssen über Nachhaltigkeit hinausdenken, um regenerierend zu werden: das heißt nicht nur Ressourcen-effizient und kohlenstoff-niedrig sein, sondern auch positive Verbesserungen herbeiführen, anstatt die Ökosysteme zu unterminieren, von denen sie abhängen. Die modernen Städte funktionieren in linearer Art und Weise, in der Ressourcen durch die Stadt fließen, ohne dass diese Verantwortung für den Ursprung oder das Ziel ihrer Abfälle übernehmen. Im Unterschied dazu, ahmen regenerative Städte den natürlichen Stoffwechsel nach und operieren in einem engen Kreislaufsystem, in welchem der Abfallausstoß in wertvolle Inputs umgewandelt wird. Die heutige Herausforderung besteht darin, eine wegweisende Lösung für Städte zu finden, die auf eine regenerierende, gegenseitig vorteilhafte Wechselbeziehung mit der umgebenden Umwelt aufbaut.

1. Vision, politische Führung und Zielsetzung:
   Um eine regenerative Stadt zu schaffen, bedarf es einer Führung, die in der Lage ist, ehrgeizige und gleichzeitig aber auch

realisierbare Ziele zu setzen, sowie Impulse aus der Gesellschaft einzubeziehen und unterschiedliche Akteure für das gemeinsame Vorhaben zu mobilisieren. Entscheidend für die politische und strategische Durchführung sind ein klar definiertes Konzept und messbare Ziele.

2. **Institutionalisierte und kontextspezifische Task Forces:**
Die Entstehung einer regenerativen Stadt muss institutionalisiert und von städtischen Behörden unterstützt werden. Entscheidungsprozesse sollten von einer dafür eingerichteten Abteilung nach einem ganzheitlichen Konzept vermittelt werden. Diese Task Force sollte es zur Aufgabe haben, alle Schritte bei der Umsetzung der regenativen Entwicklung zu beobachten und zu dokumentieren.

3. **Innovative Fondsmechanismen:**
- Einrichtung eines *revolving funds* – eines revolvierenden, sich durch zurückfließende Darlehensraten selbst erneuernden Anleihefonds zur Finanzierung der Maßnahmen einer regenerativen Stadtentwicklung.
- Entwicklung von *public private partnerships* (PPP) für größere regenerative Entwicklungsprojekte.
- Politische Maßnahmen wie Einspeisetarife, Besteuerung von Mülldeponien, Einführung grüner Steuern und Umsetzung von Energieeffizienz-Standards, um die Aktivitäten vor Ort in Gang zu bringen.

4. **Politischer Austausch zwischen Städten und Ländern:**
Mittels Netzwerken zwischen Städten sollten die Erfahrungen über das, was Städte von vergleichbarer Größe, Kultur oder natürlicher Ausstattung bereits erreicht haben, ausgetauscht

werden und erfolgreiche Maßnahmen im eigenen Umfeld angewendet werden.

5. **Koordinierte Aktion auf Regierungsebene (vertikale Koordination) und unter Gruppen von Akteuren (horizontale Koordination):**
   - Einbeziehung der obersten lokalen Regierungsebene, zum Beispiel der Stadtverwaltung; Versuch, Maßnahmen jenseits von Parteipolitik anzusetzen.
   - Einsetzung einer nationalen Koordinierungsstelle zur regenerativen Entwicklung, die lokale, regionale, nationale und internationale Aktivitäten koordiniert.
   - Einsatz einer Kombination formeller und informeller Markt- und Organisations-Instrumente, um möglichst viele Akteure einzubeziehen.

6. **Förderung lokaler Lösungen:**
   Es sollte nach örtlichen Lösungen gesucht werden, die die Bürger miteinbeziehen und zur Teilnahme ermutigen. Wenn auch ein nationaler Rahmen wichtig ist, um greifbare Ziele vor Ort zu erreichen, ist die Beteiligung von Bürgern und Kommunen unverzichtbar. Ein Ansatz auf kommunaler Ebene geht Hand in Hand mit der Idee, dass wir mehr regenerative Gemeinden errichten müssen, die direkt von ihren eigenen Einrichtungen (Energieversorgung ect.) und regionalen Ressourcen abhängen.

7. **Änderung eingefahrener Verhaltensmuster durch Dialog, Bildung und Bewusstseinsbildung:**
   Örtliche und nationale Behörden sind verantwortlich dafür, dass die Bürger die Möglichkeit haben, umweltfreundliches

Verhalten zu übernehmen. Sie können den Bürgern die Auswirkung ihres Handelns bewusst machen und ihnen aufzeigen, dass eine Änderung ihres Verhaltens ihre eigene Lebensqualität verbessert. Und es muss ein ehrlicher Dialog zwischen den Behörden, den Akteuren und den Bürgern stattfinden.

Ina May Gaskin, US-amerikanische Hebamme, Frauenrechtlerin und Autorin erhielt 2011 den „Alternativen Nobelpreis" „für ihre lebenslange Arbeit in Lehre und Vermittlung sicherer, Frauenzentrierter Geburtsmethoden, die die körperliche und geistige Gesundheit von Mutter und Kind fördern". Gaskin „verbindet wissenschaftliche Beweise und Analysen mit ihrer eigenen breiten Erfahrung in der Ausübung der Naturheilkunde".

„Ina May Gaskin ist ein Vorbild für Hebammen, die es wagen, andere Wege zu gehen im Versuch, Geburtshilfe menschlicher zu gestalten, und die den Frauen die Möglichkeit geben, selbst zu entscheiden, welche Art der Entbindung für sie persönlich die richtige ist", heißt es in der Begründung der RLA-Stiftung. Als Streiterin für einen uralten, in ihrem Land vom Aussterben bedrohten Beruf vereine sie wissenschaftliche Analyse mit weitreichender Erfahrung in der Praktizierung natürlicher Medizin.

Wissenschaft und Spiritualität: Beobachtungen vom Schlachtfeld

„Das größte Missverständnis über die Wissenschaft besteht in der Annahme, Wissenschaftler würden die Wahrheit suchen und finden. Das tun sie nicht – sie entwerfen Modelle."

Neil Gershenfeld, MIT [1]

„Wir kennen diese reiche und komplexe Welt auf vielfältige Weise, wozu auch die Wissenschaft der Physik zählt. Doch unsere unmittelbare Erfahrung ist noch viel reicher."

Mary Midgley [2]

„Es kommt den Absichten unserer Ökonomen, Technologen und Politiker entgegen, so zu tun, als ob lebendige Organismen Maschinen wären, da die Vorteile, die Staat und Wirtschaft bieten, vor allem auf die mechanistischen Bedürfnisse der Menschheit ausgerichtet sind."

Edward Goldsmith [3]

Diskussionen zu diesem Thema gehen zumeist von der Voraussetzung aus, dass die Wissenschaft den einzig legitimen modernen Weg zur Wahrheit darstellt und wir in einem mechanistischen Universum leben, in der das Materielle die grundlegende Wirklichkeit und das Leben ein letztendlich zweck- und bedeutungsloses Zufallsergebnis eines ‚blinden' Auswahl-Kampfes. Dieser

---

[1] ‚Edge' Magazine, Januar 2011
[2] The Guardian, 5. Februar 2011
[3] The Ecologist, März/April 1990

armselige Glaube des Westens, auf dem „festen Grund unnachgiebiger Verzweiflung" (Bertrand Russell), wird von berühmten Wissenschaftlern und Philosophen als über jeden Zweifel erhaben dargestellt. Obwohl viele dieser Wissenschaftler „privat" gläubig sind, um mit dieser unnachgiebigen Verzweiflung leben zu können, wird jeder Hinweis, es gäbe noch andere Realitäten und andere Wege zur Wahrheit, als gefährlicher Rückfall in die Vergangenheit dargestellt.

Die Koexistenz von Wissenschaft und Spiritualität wird daher nur auf der Basis der Wissenschaft akzeptiert, als der einzige moderne Weg zur Wahrheit. Doch während „der Gegensatz von Glaube und Verstand eine lange Tradition hat ... ist der Gegensatz von Glaube und Wahrheit eine extreme Neuigkeit, die auf gefährliche Weise jede selbst auferlegte Täuschung befördert" (Czeslaw Milosz).

Der Darwinismus z. B. ist keine im Popperschen Sinne falsifizierbare Erkenntnis, sondern „die wichtigste Bastion der humanistisch-liberalen Weltsicht. Wenn diese fällt, dann ist es nicht mehr weit bis zur Ächtung aller Linken, Homosexuellen und Abtreibungsbefürwortern", so der SPIEGEL (52/05).

In einem weiteren Bericht beschrieb dasselbe Magazin die Lehre der Homöopathie an deutschen Universitäten als „Rückfall ins Mittelalter", „skurril" und „Humbug", vergleichbar mit „Voodoo-Medizin" und „längst widerlegt". Eine aufgeschlossene Haltung zu diesem Thema wäre nur der Beweis dafür, dass man sich „noch weiter weg von internationalen medizinischen Standards" bewegen würde.

Mein Thema ist hier nicht, ob die Homöopathie wirkt – auch wenn ich miterlebt habe, wie mein Sohn nach nur einer Behandlung von nächtlichen epileptischen Anfällen geheilt wurde. Mein Thema ist, wie wir Wirklichkeit ermitteln. Die wissenschaftliche

Methode dazu ist ideologisch und dogmatisch auf einen engen mechanistischen Pfad reduziert, wodurch Wissenschaft und unser Leben auf vielfältige Weise ärmer wurden. Der „dissidente" Naturwissenschaftler Prof. Rupert Sheldrake – der den Herausgeber von NATURE, einer bedeutenden naturwissenschaftlichen Publikation so erregte, dass dieser forderte, Sheldrakes Bücher zu verbrennen – sprach unlängst von den Gefahren eines wissenschaftlichen Fundamentalismus. Danach muss die Homöopathie nur ein subjektiver Placebo-Effekt sein – trotz ihrer vielen Erfolge bei Kindern und Tieren – weil alles andere die materialistische Weltsicht bedrohen würde, die uns im Namen der Wissenschaft auferlegt wurde.

Der US Philosoph Prof. Thomas Nagel beklagt den „heroischen Triumph einer ideologischen Theorie über den gesunden Menschenverstand", denn „je mehr Einzelheiten wir erfahren über die chemische Basis des Lebens und der Komplexität des genetischen Codes, desto unglaubwürdiger" sei die reduktionistische Standarderklärung, die auch Bewusstsein und Rationalität nicht erklären kann (*„Mind & Cosmos"*, OUP 2012). Auch Nagels Thesen wurden nicht wissenschaftlich debattiert, sondern er wurde mit persönlichen Verunglimpfungen überhäuft ... Aber die Unfähigkeit „moderner" Naturwissenschaftler, das Bewusstsein zu erklären, ist keine Nebensache. Um Max Planck zu zitieren: „Ich sehe Bewusstsein als fundamental. Ich betrachte Materie als ein Derivat des Bewusstseins ... Alles, was wir als existent betrachten, setzt Bewusstsein voraus."

Spirituelle Sucher sind schlechte Konsumenten und kümmern sich wenig um wirtschaftliches Wachstum. Die Erforschung nicht-materieller Realitäten und nicht-mechanistischer Wege zur Wahrheit ist demnach schwer zu finanzieren. Wenn man andererseits seine Forschung als modern-wissenschaftlich darstellen kann, ist Geld kein Problem, wie seltsam das Projekt auch immer sein mag. Das Biosphere-2-Projekt in Arizona beruhte auf dem Glauben, dass wir genug von interaktiven natürlichen Öko-Systemen verstünden, um sie reproduzieren zu können. Biosphere 2 sollte zeigen, wie Menschen einen Atomkrieg oder den Kollaps der Umwelt überleben können, indem man in den Untergrund flieht oder – besser noch – in den Weltraum. Das Projekt zog eine gewaltige Publizität auf sich, dazu Hunderte von Millionen zur Finanzierung. Die Unterstützung von führenden Universitäten, der NASA etc. verlieh ihm Glaubwürdigkeit. Es erwies sich jedoch als komplett unausführbar – die „Bionauten" mussten die Wände einschlagen, um dem Ersticken zu entgehen.

Es war das Lieblingsprojekt eines charmanten, exzentrischen Professors und einer Gruppe junger Assistentinnen. Wäre ihre Suche eine spirituelle gewesen, hätten die Medien einen riesigen Spaß gehabt und die Verschwendung privater und öffentlicher Gelder für diese „Sekte" angeprangert. Weil das Projekt jedoch „wissenschaftlich" war, entging es einer derartigen Bewertung und wurde mit Ernst und Bewunderung betrachtet.

Oder man nehme den CERN-Teilchenbeschleuniger, finanziert durch Milliarden von Steuergeldern aus vielen Ländern. Er soll den letzten Beweis erbringen, wie unser Universum entstanden ist, die „fundamentale Symmetrie", die „große Theorie von allem". Er hat nichts Neues gefunden aber wird vermutlich immer mehr Schichten noch kleinerer Partikel der „Realität" zutage bringen, bis ins Unendliche – was praktischerweise eine Finanzierung bis ins Unendliche rechtfertigt.

Noch weniger können diese Experten den Urknall selbst erklären: Warum soll ein Nichts plötzlich knallen?

Diejenigen, die mit der Erforschung sogenannter paranormaler Phänomene befasst sind, werden auf ein weiteres grundsätzliches

Problem bei CERN hinweisen. Ein gut dokumentiertes Phänomen ist die Telekinese, also die Fähigkeit bestimmter Menschen, Gegenstände mit der Kraft ihrer Gedanken zu beeinflussen und zu bewegen. Während die Erforschung dieser Phänomene im Westen heutzutage nicht als seriös oder finanzierbar gilt, wurde sie in der Sowjetunion als möglicherweise militärisch nützlich angesehen und dementsprechend gut dokumentiert. In einem berühmten Experiment, bei dem US-Forscher zugegen waren, hob eine Hausfrau aus Leningrad schwere Gegenstände von einem Tisch und bewegte diese nur mit ihren mentalen telekinetischen Kräften. Das war schon außergewöhnlich, doch man stelle sich nun das Szenario bei CERN vor: Hunderte brillanter Köpfe sind einzig auf eine Sache konzentriert, nämlich einen Computerausdruck, der ihre große Theorie beweisen soll. Wer kann bezweifeln, dass ihre kollektiven bewussten und unbewussten Kräfte früher oder später die Partikel – oder die Computer – dazu bringen werden, genau das Resultat hervorzubringen, nach dem sie suchen?

Die moderne Wissenschaft hat spirituelle Erkenntnisse nicht widerlegt. Sie hat vielmehr eine Forschungsmethode entwickelt, die die bloße Möglichkeit spiritueller Realitäten ausschließt. Wenn sie mit entsprechenden Phänomenen konfrontiert wird, kapituliert sie: „Ich will nicht über Beweise reden ... das ist zu kompliziert" (Richard Dawkins über Telepathie, Network Review, Winter 2007). Wer mit sogenannten wissenschaftlichen Skeptikern diskutiert hat, weiß, dass „nicht sein kann, was nicht sein darf". George Vithoulkas hat die klassische Homöopathie wiederbelebt und gibt auf der griechischen Insel, auf der er lebt, Kurse für Ärzte aus vielen Ländern. Vor einigen Jahren erzählte er mir von einer neuen Studie zur medizinischen Wirksamkeit der Homöopathie. Es sah vielversprechend aus, doch bald darauf zogen sich die teilnehmenden Ärzte zurück. Ich äußerte gegenüber einem von ihnen die Vermutung, er wäre besorgt um seine Karriere, falls die Studie die Effektivität der Homöopathie bestätigen würde. Bereitwillig gab er das zu.

Natürlich ist Homöopathie nicht spirituell. Auch Telepathie nicht, aber beide sind Hinweise auf nicht-materielle Realitäten.

Die Unterordnung der Wissenschaft unter das Credo des wissenschaftlichen Materialismus erklärt die Schwierigkeit, eine gemeinsame Basis zwischen ihr, der Wissenschaft, und dem riesigen Erfahrungsschatz der menschlichen Spiritualität zu finden.

Das Unvermögen, eine unvoreingenommene spirituelle Forschung zu betreiben, hat zur Folge, dass wir zu den Schlüsselfragen unserer Existenz weniger wissen, als viele unserer Vorfahren. Wir haben ihren oft harmlosen Glauben vertauscht mit dem gefährlichen Glauben an die übergeordnete Macht der Märkte, an „Wachstum" und technologische Lösungen, die nun unsere gemeinsame Zukunft bedrohen. Es ist bezeichnend, dass der einzige in 100 Jahren neu geschaffene Nobelpreis der Wirtschaft gilt.

Religiöser Fundamentalismus hat die Kreuzzüge, Pogrome und auch 9/11 möglich gemacht. Doch die moderne Wissenschaft hat Hiroshima und Nagasaki ermöglicht. Und die verantwortlichen Wissenschaftler wussten noch nicht einmal, ob die nukleare Kettenreaktion außer Kontrolle geraten und die Atmosphäre der Erde in Flammen setzen würde.

Die Ergebnisse der Quantenphysik begrenzen die Gültigkeit des wissenschaftlichen Materialismus, der bislang noch unsere Sozialwissenschaften beherrscht. Während dieser Materialismus und seine „Wissenschaft" der Ökonomie das Konzept von Gemeinschaft zerstört und uns auf uns allein gestellt und bedeutungslos zurücklässt, macht die Quantenphysik den Primat des Bewusstseins wieder geltend und erschafft die Gemeinschaft neu, indem sie uns wieder mit der Welt um uns herum verbindet (*religare*).

Sie warnt uns zudem davor, dass es höchst unwahrscheinlich sei, dass wir dies je vollständig begreifen werden können, sicherlich aber nicht von außen. Wenn wir mehr begreifen wollen, müssen wir unsere innere Selbsterkenntnis und unsere kreative Intelligenz entwickeln.

In ernstzunehmenden Studien zur Spiritualität wurden viele Erfahrungen dokumentiert, die intra- und inter-personell wiederholbar sind. Hätte eine solche Forschung den Bruchteil der Finanzmittel von CERN, wie viel weiter wären wir dann im Verständnis unserer selbst und der Welt?

Lange Zeit habe ich mich gefragt, ob die Befürworter des armseligen Credos der modernen Wissenschaft tatsächlich glauben, was sie sagen, oder nur einer Mode folgen. Denn wenn sie tatsächlich an die Sinnlosigkeit ihrer Existenz glauben, warum sollten ihre Entdeckungen dann einen Sinn haben? Und sollte ein so brillanter Kopf wie z. B. der Philosoph Bertrand Russell diesen Widerspruch tatsächlich nicht erkannt haben? Nun, es scheint, dass er ihn erkannt hat, es aber nicht zugeben wollte, um das Bild von sich als „mutiger" Atheist zu bewahren.

Vor ein paar Jahren kam mir Kyros Markides' Biographie von Daskalos in die Hände, *Der Magus von Strovolos*, über das Leben des bemerkenswerten zypriotischen Lehrers, Heilers und Mystikers. Markides zitiert aus den respektvoll fragenden Briefen, die ein „berühmter Philosoph" an Daskalos gerichtet hatte. Nachdem ich den Stil wiedererkannt hatte, fragte ich Markides, ob sie von Russell stammten, was er bestätigte.

Dies ist kein isoliertes Beispiel. David Loyes *Darwin's Hidden Theory of Love* enthüllt einen Darwin, der die menschliche Evolution als einen Kampf um moralische Entwicklung ansieht, ganz im Gegensatz zu dem mechanistischen Evolutionismus seiner Nachfolger, dennoch unwillig, sich von ihnen öffentlich zu distanzieren.

Und der *Ursprung der Arten* schließt mit Darwins Überzeugung, das Leben wäre ursprünglich „eingehaucht" worden.

Aber wer hat eingehaucht? Und wie können interaktive und dynamische Strukturen und Funktionen lebendiger Organismen durch Zufall und Irrtum entstehen? Die Kaulquappe und der Frosch gehören verschiedenen Spezies an – wie auch die Raupe und der Schmetterling. Sie sind dennoch verschiedene Stadien desselben Tieres. Wie kann dies ohne einen Plan möglich sein? Wie mein Großvater, der Pionier der Umwelt-Forschung und der Bio-Semiotik, Jakob Johann von Uexküll, bemerkte, haben die Darwinisten „die Natur in einen Idioten verwandelt, der blindlings fühlt und alle möglichen Experimente anfängt, von denen die meisten scheitern ..."

Kein Wunder also, dass Spiritualität wieder in Mode ist. Es geht nicht länger um die Rolle der Spiritualität in einer materialistischen Welt. Vielmehr sehen wir uns einer Tabula rasa gegenüber, wo keiner Methode oder Autorität bei der Interpretation der Realität mehr vertraut wird. Die Wissenschaft hat diese Autorität verloren, als sie sich mit einer spezifischen Weltsicht identifizierte, die jetzt an Glaubwürdigkeit verliert, weil sie Probleme verursacht, die sie nicht lösen kann. Die Einwände der Wissenschaft, dafür nicht verantwortlich zu sein, werden nicht mehr geglaubt, da zu viele Wissenschaftler „im Namen der Wissenschaft" zu Propagandisten zu vieler Megaprojekte geworden sind, von denen wir heute wissen, dass sie gefährliche Monumente eines falschen „Fortschritts" sind.

Als Leonora Libby, Nuklearwissenschaftlerin am Manhattan Projekt, erfuhr, dass ihr Chef Enrico Fermi wegen der Sorgen um den Test der gemeinsam entwickelten Bombe krank geworden war, stürmte sie, wie sie in ihrer Autobiographie schreibt, in sein Schlafzimmer und fragte , wie er es als Wissenschaftler rechtfertigen könne, nicht herauszufinden, ob die H-Bombe funktionieren würde ...

Kein geringerer Wissenschaftler als Martin Rees, Präsident der englischen *Royal Society* und *British Astronomer-Royal*, sieht ein Risiko, dass sogar die CERN-Experimente eine Kettenreaktion hervorrufen könnten, die die Erde zerstören würden.

Aber das magische Denken der technologischen Fundamentalisten beherrscht uns noch immer, trotz seiner Gefährdung unserer gemeinsamen Zukunft.

In diesen Zeiten der sich beschleunigenden globalen Krisen können wir uns keine durch Geld, Macht und Arroganz korrumpierte Wissenschaft mehr leisten. Wir brauchen einen Neubeginn, der auf Bescheidenheit und Umsicht fußt – fundiert und unvoreingenommen – wo Wissenschaft und Spiritualität sich zusammentun, um uns dabei zu helfen, den neuen Lebensstil zu entwickeln, den unser Planet jetzt braucht.

Der US-Bio-Semiotik-Pionier Prof. Thomas Sebeok wurde von der US-Regierung gebeten, Warnschilder für Atommüll-Lager zu entwerfen, die noch in 10.000 Jahren verstanden würden. Er sagte, dass er das für unmöglich erachtete und empfahl stattdessen die Einrichtung einer ständigen „Nuklear-Priesterschaft", die diesen Müll bewachen solle. Wenn die Wissenschaftler nicht wissen, wie sie mit den Folgen ihrer eigenen Schöpfung umgehen sollen, rufen sie nach Priestern ...

Hans-Peter Dürr, Physiker und Gründungs-Mitglied des Weltzukunftsrats, glaubte, dass „Wissenschaft und Religion nicht nur aufgefordert werden sollten, sich zu versöhnen, sondern sich ihrer gegenseitig komplementären Rolle bewusst bleiben sollten". Und Jürgen Habermas fragt, ob die Moderne, die sich dem Marktradikalismus unterworfen hat, sich aus eigener Kraft, d. h. ohne religiöse Inhalte, regenerieren könne.

Spiritualität ist nicht nur „Glauben", sondern eine Wissenschaft eigenen Rechts, ein anderer Weg zu tieferen Wahrheiten. Mein Großvater erwartete, dass die großen Entdeckungen der nächsten Generationen nicht „jenseits", sondern „diesseits" von uns stattfinden werden. Auf diesem Hintergrund sind die Aufrufe von Dürr und Habermas mehr als bloße Ermahnungen. Wie schon Platon festhielt, verstehen und begreifen wir nur, auf der Ebene, auf der wir uns befinden und sehen. Der wissenschaftliche Materialismus hat unser Wissen erweitert, aber unser Bewusstsein verengt. Wie Aldous Huxley in *Himmel und Hölle* (1953) schrieb: „Wie die Erde vor ein paar Hundert Jahren, so hat auch unser Geist seine dunkelsten Afrikas, seine nicht erfassten Borneos und Amazonasbecken".

Der spirituelle Forscher ist ebenfalls auf der Suche nach Wissen. Um William James zu zitieren, „mystische Zustände sind Zustände der Einsicht in die Tiefen des Wissens ... Erleuchtungen, Offenbarungen, voller Bedeutung ..." (*The Varieties of Religious Experience*, New York 1902, S. 371; dt.: *Die Vielfalt religiöser Erfahrung*).

Der schwedische Wissenschaftler und Mystiker Emanuel Swedenborg sah seine Untersuchungen spiritueller Realitäten als logische Fortsetzung seiner naturwissenschaftlichen Experimente. Um seinen Biographen Lars Berquist zu zitieren: „[Swedenborgs] Kenntnis der Natur war Voraussetzung für seine Einsicht in spirituelle Realitäten" (*Swedenborgs Geheimnis*, S. 382). Seine Erkenntnisse konnten, wenn man seine Untersuchungsmethoden anwandte, die für jedermann zugänglich waren und kein Leben voller Askese verlangten, was er selbst abgelehnt hatte, empirisch belegt werden.

Ich habe diesen Text mit „Beobachtungen vom Schlachtfeld" überschrieben, da ich nicht glaube, dass es hilfreich ist, Wissenschaft und Spiritualität solange neu zu definieren, bis irgendwie ihre gegensätzlichen Realitäten, Wege und Weltsichten einen Waffenstillstand schließen. Nur wenn wir akzeptieren, dass die wissenschaftliche Methodologie neu überdacht und erweitert werden muss, um dem Reichtum menschlicher Erfahrungen gerecht zu werden, können wir zu einer Versöhnung kommen, die wir und unsere Erde heute dringend brauchen.

Der amerikanische Ex-Geheimdienstmitarbeiter und Whistleblower **Edward Snowden** (*1983) und der britische Herausgeber und Chefredakteur des Guardian **Alan Rusbridger** (*1953), wurden 2014 zusammen mit dem Right Livlihood-Ehrenpreis ausgezeichnet, „weil [ersterer] [...] mit Mut und Kompetenz das beispiellose Ausmaß staatlicher Überwachung enthüllt hat, die grundlegende demokratische Prozesse und verfassungsmäßige Rechte verletzt" und letzterer „für den Aufbau einer globalen Medienorganisation, die sich verantwortlichem Journalismus im öffentlichen Interesse verschrieben hat und gegen große Widerstände illegales Handeln von Unternehmen und Staaten enthüllt".

Digitale Welten

Sie erinnern sich wahrscheinlich genau an den Zeitpunkt, als die digitale Welt das erste Mal in Ihr Leben eingriff. Mir ist mein erster ebay-Kauf noch sehr gut in Erinnerung, als ich etwas – nämlich einen seltenen Briefmarken-Fehldruck – so günstig kaufen konnte, dass der Verdienst mir und meiner Familie eine Weltreise ermöglichte ...

Und ich denke natürlich an die Zeitersparnis bei Nachforschungen, wenn ich innerhalb von Sekunden schwer zugängliche Informationen finde, die mich Wochen gekostet hätten, einschließlich mehrerer Auslandsreisen.

Doch selbst das ist eigentlich eine Untertreibung, denn oft hätte ich nicht einmal gewusst, wo ich die Suche hätte starten sollen. Wir lernen in Sekunden nicht nur Unbekanntes, sondern auch – um Donald Rumsfeld zu zitieren – das unbekannte Unbekannte.

So erleben wir heute zweifelsohne einen Paradigmenwechsel, eine Veränderung menschlicher Perspektiven, aber gleichzeitig einen noch tiefgreifenderen Paradigmenwechsel – die sich abzeichnenden Grenzen der Ressourcen unseres Planeten und die wachsende Instabilität des Klimas.

Die digitale Zukunft muss auf diese Veränderungen und Herausforderungen Antworten finden, denn auch das digitale Leben braucht eine intakte Natur, vor allem Energie und Wasser.

Die USA galten in Deutschland lange als das Land der unbegrenzten Möglichkeiten. Begriffe wie Cyberspace legen auch ein Fehlen von Grenzen nahe. Doch, wie schon in den USA, werden die Grenzen nach einiger Zeit deutlich wahrnehmbar.

Vor ein paar Jahren erzählte mir ein Programmierer, dass ein *Avatar* im damals populären Computerspiel „Second Life" so viel Energie verbraucht wie durchschnittlich ein Bewohner Costa Ricas.

Es gibt erneuerbare Energiequellen, in vielen Fällen aber keine Alternativen zu den seltenen Materialien, die zum Bau der Hardware der digitalen Revolution gebraucht werden; zudem sind die Geräte, die diese Revolution ermöglichen, oft so entworfen, dass sie schnell veralten.

2014 wurden insgesamt 1,5 Milliarden solcher Geräte verkauft. Wie viele davon wurden inzwischen wieder weggeworfen?

Das schon erwähnte von Michael Braungart und William McDonough entwickelte *Cradle-to-Cradle*-Design – „von der Wiege zur Wiege" – könnte dazu beitragen, Smartphones und andere elektronische Geräte sehr viel leichter demontierbar zu machen, um sie zu recyceln – und zwar nicht im Sinne des down-cycling, sondern des up-cycling, d. h. sie wieder aufzuarbeiten. Dieses Kreislaufprinzip müsste gesetzlich vorgeschrieben werden.

Die Grenzen des Wachstums sind jedoch nicht nur physikalischer, sondern auch moralischer Natur. Die Kampagne gegen die sogenannten Blutdiamanten aus Afrika zwang den Diamantenhandel, kostspielige Reformen einzuleiten. Und es ist sehr wahrscheinlich, dass irgendwann eine Kampagne gegen „Blut-Smartphones" folgen wird, bis die Industrie Maßnahmen ergreift, um etwa die Quellen des Coltans, des für Smartphones benötigten Erzes, das sie im Kongo kauft, zu kontrollieren.

Doch all diese Probleme könnten durch Regulierungen gelöst werden, wenn der Kern des Problems nicht viel tiefer liegen würde: Die meisten dieser Erfindungen dienen nicht nur einem wachsenden Konsum, sondern beruhen geradezu darauf, auch wenn es ausgeschlossen ist, überall auf der Welt den Ressourcenverbrauch des Westens einzuführen. Doch für das Lernen gibt es keine Grenzen.

Online-Sprachkurse und Musik-Downloads können bei minimalen Kosten weiter zulegen.

Der Weltzukunftsrat, den ich ins Leben gerufen habe, arbeitet weltweit mit politischen Entscheidungsträgern zusammen, um Maßnahmen, Regelungen und Anreize für den Weg zur Nachhaltigkeit aufzuzeigen mit dem Ziel, dass die Lösungen schneller wachsen als unsere Probleme. Weltweit arbeiten unsere Mitglieder an der Schnittstelle von politischer Forschung und deren Umsetzung.

Grundlegende Strategien sind im *Global Policy Action Plan*, dem globalen Aktionsplan des Weltzukunftsrats, einem Tool für Entscheidungsträger, zusammengefasst. Heutzutage werden viele Konferenzen abgehalten, um herauszufinden, warum der Wechsel notwendig ist und welche Ziele erreicht werden müssen. Der Weltzukunftsrat hat bei diesem Problem den schwierigeren Part übernommen: Wie können wir diese Ziele tatsächlich erreichen? Fast jeder findet, dass Subventionen für fossile Brennstoffe gestrichen werden müssen, übersieht dabei aber die enormen politischen Schwierigkeiten bei der Umsetzung dieses Vorhabens.

Wir alle tragen, nicht nur als Unternehmer und Konsumenten, sondern auch als Bürger Verantwortung. Und das ist keine populäre Botschaft. Die UNESCO hat zu Beginn des Jahrtausends versucht, eine verbindliche Erklärung zu verabschieden, die jedes Menschenrecht mit einer moralischen Pflicht und gesetzlichen Verantwortung für jeden Sektor innerhalb der Gesellschaft verbindet. (*UNESCO Declaration of Human Duties and Responsibilities*). Doch wegen des Drucks einiger größerer Staaten wurde sie nirgendwo umgesetzt.

Unsere Regierungen haben heute nichts anzubieten, außer der Hoffnung auf die Rückkehr der Welt vor der Finanzkrise. Dieser Glaube jedoch hat zusehends immer weniger mit der Wirklichkeit zu tun. In einer ruinierten Natur kann kein Wachstum stattfinden, können sich keine Märkte, keine Demokratie, keine Menschenrechte oder technologischer Fortschritt entwickeln. Wir wissen nicht, wie wir unsere natürliche Umwelt wieder reparieren können. All unsere Erfolge, Pläne und Hoffnungen hängen von nachhaltigen Öko-Systemen ab, die das Leben auf dem Globus ermöglichen.

Doch noch immer werden Regierungen von Ökonomen beeinflusst, die diese wesentlichen ökologischen Grundbedingungen nicht zur Kenntnis nehmen. Sie glauben, unsere natürliche Umgebung wäre ein abhängiges Subsystem unserer Wirtschaft – wo es sich doch gerade anders herum verhält. Aber solange genug Smartphones produziert werden, ist es gleichgültig, ob die Nahrungsmittelproduktion zusammenbricht. Prominente Wirtschaftswissenschaftler, die unsere Regierungen beraten, denken tatsächlich so. Wachstum über alles ...

Das Klimachaos ist ein Versagen des Marktes und der Medien. Wird über das Klima und andere größere Umweltkatastrophen berichtet, sind die sonst sensationsfixierten Medien in aller Regel weniger alarmierend als die entsprechenden Experten. Warum? Die einzige logische Antwort darauf lautet, dass die Medien von der Werbung der Umweltzerstörer abhängen.

Wenn wir unsere Lebensweise nicht schnell ändern, werden unsere Kinder einen Planeten erben, der von Verteilungskämpfen um Ressourcen bestimmt ist, mit Hunderten von Millionen von Flüchtlingen, die ihre Lebensgrundlage in ihren Ländern verloren haben. Derartige Szenarien sind keine Panikmache, sondern beruhen auf Berichten beispielsweise des Pentagons und der Thinktanks der britischen Regierung.

Eine Studie des Weltzukunftsrats hat ergeben, – man sollte sich das immer wieder vor Augen führen – dass sich die jährlichen

Kosten nicht genutzter erneuerbarer Energie mittlerweile auf mehr als 3 Billionen Dollar an verschwendetem Naturkapital belaufen. Das Solar-, Wind- und anderes Energie-Potential, das wir an jedem Tag nicht nutzen, ist unwiederbringlich verloren. Stattdessen verbrennen wir kostbare fossile Brennstoffe. Ein direkter Kostenvergleich zwischen nicht-erneuerbarer und erneuerbarer Energie, der diese zusätzlichen Kosten nicht berücksichtigt, ist eine falsche Rechnung. Sie spiegelt allerdings die Macht der Öl-Lobby wider.

Chandran Nair, der gegenwärtig die chinesische Regierung berät, sagt, dass die am dringendsten gebrauchten Neuerungen nicht technischer Natur seien, sondern neue Kalkulationsgrundlagen, die diese Kosten berücksichtigen.

In den derzeitigen wirtschaftlichen Planungen kommt die Zukunft nicht vor. Keine Regierung würde es heute wagen, ein Wachstumsziel des Bruttosozialprodukts von 1 bis 1½ % zu verkünden. Doch selbst solche Wachstumsraten würden immer noch die Wirtschaft um ein Drittel bis um die Hälfte innerhalb einer Generation anwachsen lassen. Mit solchen Wachstumsraten ist das Deutsche Reich industrialisiert worden. Firmenbosse in der Rohstoffindustrie sagen, dass für ein globales Wachstum um die 3 % die Ressourcen nicht vorhanden seien und somit ein Wachstum in dieser Größenordnung gar nicht möglich ist. Es gibt kein Menschenrecht auf etwas, das nicht möglich ist.

Solange wir auf diesem Planeten leben, haben wir alle eine gemeinsame Zukunft. Es besteht jedoch kein Grund zur Annahme, dass diese Zukunft für alle gleich sein könnte. Darum sollten wir die Wahlmöglichkeit zwischen unterschiedlichen Zukunftsansätzen erweitern anstatt sie einzuschränken. Das bedeutet allerdings, dass, sobald Entscheidungen getroffen werden, die die nächste Generation betrifft, ihre Interessen berücksichtigt werden sollten. Der Weltzukunftsrat erarbeitet darum ein Konzept zur Einrichtung eines

Hohen Kommissars für zukünftige Generationen sowohl bei der UNO als auch bei vergleichbaren Institutionen innerhalb der EU und auf nationaler Ebene.

Wir müssen die Trends, die Unfreiheiten für kommende Generationen vergrößern, umkehren, wie die Zerstörung der Biodiversität, der Wälder, die Destabilisierung des Klimas etc. Wir müssen ein wirtschaftliches und finanzielles System schaffen, das die Erreichung echten und nachhaltigen Wohlstands fördert, in dem Geld und Märkte uns dienen, anstatt uns zu beherrschen.

Das bedeutet u. a. eine Finanzreform, die sicherstellt, dass das, was eine Gesellschaft tun kann, auch finanziert wird. Eine radikale ökologische Steuerreform wird erforderlich sein, bei der Ressourcen anstelle von Arbeit besteuert werden.

Dem Glauben an die Kräfte von Marktpreisen, dieser „moderne Zauberformel" (Orio Giarini) abzuschwören, wird nicht einfach zu bewerkstelligen sein und gewaltige Herausforderungen mit sich bringen. Womöglich noch einschneidender aber wird es sein, den Glauben an die Macht der Technologie, eines unaufhaltsamen technologischen Fortschritts, auf ihre Zukunftsfähigkeit hin zu überprüfen.

Eine solche Veränderung zeichnet sich aber bereits ausgerechnet in Japan ab, einer Nation, die ein Pionier bei der Entwicklung und Einführung neuer Technologien war. Gerade viele junge Japaner assoziieren sie mit Betrug und Sinnlosigkeit, wo unvorstellbar komplexe virtuelle Welten geschaffen werden, in denen Zukunftsträume innerhalb von Sekunden visualisiert, präsentiert und verkauft werden können. Und dies ist nicht das einzige Beispiel. Der Pilgerweg nach dem spanischen Santiago de Compostela, die Klöster auf dem griechischen Berg Athos sowie spirituelle und „bewusst" lebende Gemeinschaften in vielen Ländern – bis vor kurzer Zeit noch wenig frequentiert – haben große Mühe damit, mit dem neuen Ansturm klarzukommen. Viele junge Menschen wollen selber Herren ihrer Seele sein und sich nicht vom Markt beherrschen lassen. Indikator des Fortschritts ist für sie nicht ein Wirtschaftswachstum, das ihnen wenig gebracht hat. Innerhalb der letzten sechs Jahre hat sich der Anteil der jungen Amerikaner, die sich selbst als „lower-class" bezeichnen, verdoppelt. Menschen zwischen 20 und 30 Jahre haben mit geringerer Wahrscheinlichkeit einen Hochschulabschluss als diejenigen zwischen 55 und 64. Der Lebensstil der amerikanischen Mittelklasse – der Traum der Armen dieser Welt – wird selbst in den USA immer unerschwinglicher.

Die Zukunft ist nicht vorherbestimmt; und die Annahme, sie wäre es, kann sehr teuer werden. So sollte die Atomkraft in Deutschland einmal eine Schlüsselrolle in der zukünftigen Energielandschaft einnehmen. Dieser Plan ist durch einen Unfall in Japan hinfällig geworden. Auch die DLD-Community (digital-life-design-community) wird, hoffe ich, aus den vergangenen Spekulationsblasen gelernt haben und nicht davon ausgehen, dass Trends unumkehrbar seien. Auch wenn die Werbung in Printmedien zurückgegangen ist, ist es aber deshalb wirklich realistisch zu glauben – wie ein Sprecher hier meinte – dass sie in wenigen Jahren bei null liegen wird, was ja zugleich das Ende von mehreren Jahrhunderten Printmedien bedeuten würde?

Das sognannte „Darknet", so wird behauptet, könne nicht reguliert oder unbrauchbar gemacht werden. Ich nehme aber an, dass diese Gleichgültigkeit in dem Augenblick ihr Ende finden wird, wenn herauskommt, dass im „Darknet" terroristische Anschläge geplant wurden. Die Öffentlichkeit wird es überdies nicht akzeptieren, dass Gesetze und Regeln der realen Welt nicht auch *online*, in der virtuellen Welt, gelten sollen.

Das digitale Leben muss bescheidener und unbescheidener zugleich werden. Unbescheiden in dem Sinne, dass es besser aufklären, informieren und Antworten auf die Bedrohung unserer Zukunft geben kann. Dabei sollte die Forderung einer informierten globalen Bürgerschaft der Vorrang vor der Förderung eines weiteren unhaltbaren globalen Konsumverhaltens eingeräumt werden. Das digitale Leben muss aber zugleich bescheidener in dem Sinne werden, dass es seinen Anspruch, allein unsere Zukunft bestimmen zu könne, zurückschraubt und sich stattdessen als ein Werkzeug zur Unterstützung unseres wirklichen Lebens *offline*, begreift, anstatt es ersetzen zu wollen.

Eine der am schnellsten wachsenden Banken in London ist die *Handelsbanken*, ein schwedisches Bankhaus, das noch altmodischen persönlichen Service anbietet. Auch wenn unser Leben vollständig digitalisiert werden kann, wird der Tag dennoch weiterhin 24 Stunden haben. Was werden Menschen *offline* aufgeben, um *online* mehr Zeit zu haben?

Autos müssen ihre Straßentauglichkeit unter Beweis stellen, ehe sie ihre Zulassung erhalten. Sollten nicht auch online-Erfindungen ihre soziale Nützlichkeit beweisen, ehe sie zugelassen werden?

Eine deutsche Zeitung schrieb unlängst, dass es für Kinder wichtig sei, mit der Hand zu schreiben, damit sie zielgerichtetes Denken lernen und eine Chance haben, als Persönlichkeit zu wachsen. Begreifen wir tatsächlich die Konsequenzen, die es hat, Kinder so auszubilden, dass ihre Fähigkeiten lediglich als bloße Ergänzung digitaler Apparate gelten, was zur Folge hat, dass sie immer weniger ohne diese Apparate auskommen können?

In seinem Bericht über den „Arabischen Frühling" sieht der Vorstandsvorsitzende von *Google* die sozialen Medien nicht als ursächlich, auch wenn sie die Organisierung der Aufstände leichter gemacht hätten. Aber wenn man das Innenministerium besetzen wolle, müsse man sich schon selber dorthin begeben ...

Als das Römische Reich unterging, verschwand damit aus Zentral- und Südeuropa für Jahrhunderte viel Wissen, sowohl technologisches als auch anderes Wissen. Es wurde einzig in den Klöstern der keltischen Randzone Nordeuropas bewahrt.

Aber heute gibt es keine keltische Randzone mehr. Die digitale Welt öffnet viele neue Türen. Aber wir müssen aufpassen, dass sie nicht andere schließt, zu Welten, die uns später sehr fehlen werden.

Der Richter und Autor **Christopher Weeramantry** (1926-2017) aus Sri Lanka erhielt 2007 den Alternativen Nobelpreis, für „seine lebenslange bahnbrechende Arbeit für die Stärkung und Ausweitung des Völkerrechts".

Ole von Uexküll, Geschäftsführer der Right Livelihood Award Foundation, sagte über den im Januar 2017 verstorbenen Weeramantry: „Sein Engagement hat gezeigt, wie das Völkerrecht genutzt werden kann, um die globalen Herausforderungen wie die Bedrohung durch Atomwaffen, den Schutz der Menschenrechte und den Schutz der Umwelt zu bewältigen."

Seine Vision und seine Fähigkeit, Anwälte und Pädagogen auf der ganzen Welt zu motivieren, Änderungen in der Rechtspraxis zu etablieren, brachten ihm viele Auszeichnungen ein, unter anderen den UNESCO-Preis für Friedensbildung.

Richter Weeramantry war u. a. als Präsident in der Internationalen Vereinigung der Rechtsanwälte gegen Atomwaffen und dem World Future Council aktiv.

Die Verantwortung der Richter

Wir leben in einer Zeit, in der sich die Menschheit in einer Situation befindet, in der haben Entscheidungen und Handlungen derart gravierende Konsequenzen.

Die Destabilisierung unseres globalen Klimas wird, sofern wir das weiter zulassen, innerhalb der nächsten 50 Jahre immer mehr Gebiete unseres Planeten unbewohnbar machen. Klimawissenschaftler stellen derzeit fest, dass sie das Tempo der globalen Erwärmung und des Klima-Chaos eher unter – denn überschätzt haben.

Die durch den Menschen verursachte Zerstörung der Biodiversität ist gleichfalls beispiellos. Die Hälfte der tropischen und gemäßigten Wälder ist bereits verschwunden; Arten werden tausend Mal schneller als normal ausgelöscht, und die Übersäuerung, die das Leben in den Meeren bedroht, hat den höchsten Stand innerhalb der letzten 20 Millionen Jahre. Wir befinden uns auf Kollisionskurs mit unserer eigenen Zukunft.

Die Frage, warum führende Politiker nicht auf diesen Notstand reagieren, lässt sich immer wieder damit beantworten, dass sie den Ökonomen vertrauen, die der Meinung sind, wir könnten Geld essen. Das ist leider kein Witz. Prof. Herman Daly, ein führender US-Ökonom, hat die Ansichten einflussreicher Ökonomen zum Klimawandel untersucht, u. a. auch die des oft zitierten „Klimaökonomen" William Nordhaus und des Nobelpreisträgers für Wirtschaft, Thomas Schelling. Sie sind der Meinung, dass der Klimawandel in den Industrieländern lediglich der Landwirtschaft ernsthaft schaden würde, was aber leicht durch Wachstum in anderen Bereichen ausgeglichen werden könne, als ob wir Computer und Smartphones essen könnten!

Vor Jahren hat ein amerikanischer Ökonom einen Artikel veröffentlicht, in dem er unsere natürliche Umwelt als Subsystem unserer Wirtschaft darstellt. Natürlich verhält es sich genau umgekehrt, denn die menschliche Ökonomie hängt vollständig von einer funktionierenden natürlichen Umwelt ab. Wenn es sich hierbei nicht um Lawrence Summers handeln würde, könnte man darüber hinweggehen. Aber Summers war Chef-Ökonom der Weltbank und Präsident der Harvard University (an der er immer noch lehrt) und lange Zeit Wirtschaftsberater der Präsidenten Clinton und Obama. Ein Mann, der einige der mächtigsten Positionen auf unserem Globus innehatte, glaubt also, dass unsere Wirtschaft unsere natürliche Umwelt kontrolliert – ein Glaube, nicht nur falsch, sondern verrückt, vergleichbar der Annahme, die Erde sei eine Scheibe.

Ein weiterer Propagandist dieses Wahnsinns ist Bjørn Lomborg, ein dänischer Statistiker, der in den westlichen Medien sehr populär ist, weil er meint, es gäbe auch angesichts kommender Umweltkatastrophen für die reichen Länder keinen Grund, sich politisch und ökonomisch zu verändern. Lomborg behauptet, wirtschaftliches Wachstum würde uns allesamt so reich machen, dass wir mit den Folgen einer Klimakatastrophe, dem Verlust der Artenvielfalt etc. gut fertig werden würden. Er gibt zu, dass es wahrscheinlich sei, dass z. B. Bangladesch im nächsten Jahrhundert durch den Anstieg des Meeresspiegels untergehen würde, aber glaubt, dass Bangladesch aufgrund seiner gegenwärtigen Wachstumsraten dann so reich sein würde wie Holland heute, und es sich von daher leisten könne, sich mit Dämmen zu schützen.

Umweltkatastrophen treffen die Armen zuerst und am härtesten. Um auszuschließen, dass die Reichen sich ihrer Verantwortung stellen müssen, warten die in ihrem Dienst stehenden Ökonomen mit einem weiteren Rechentrick auf. Da die armen Bangladeschis (oder Inder) nicht so viel Geld wie die Amerikaner ausgeben können, um sich vor dem Anstieg der Meere zu schützen, wird ihr Leben in Kosten-Nutzen-Analysen dementsprechend geringer bewertet.

Da Regierungen von solchen Berechnungen geleitet (und politische Entscheidungsträger davon eingeschüchtert) werden, bleibt nur eine Gewalt in unserer Gesellschaft, die diesem Angriff auf das Leben der Armen und zukünftigen Generationen begegnen kann – und das sind die Richter. Richter stehen in der Verantwortung, unsere Gesellschaften, ehe sie in Klimakriegen und Kampf um Ressourcen auseinanderfallen, in eine andere Richtung zu steuern. Auf Richter setzen wir die Hoffnung, dass Sie sich dafür entscheiden, zu Anwälten und Richtern für das Leben zu werden, es zu schützen, wo immer und wann immer sie können: Es geht um nichts weniger als um das Überleben, den Frieden und die Sicherheit heutiger und zukünftiger Generationen!

Denn all dies wird derzeit von Politikern aufs Spiel gesetzt zugunsten kurzfristiger Kosten-Nutzen-Berechnungen, mit denen sie ihre Wähler und Völker betrügen. Sie schaffen Gesetze, die das Vermögen der Reichsten schützen und vermehren, während sie allen anderen Entbehrungen auferlegen. Zur Zeit der Clinton-Regierung ging 45 % des neu geschaffenen US-Reichtums an das reichste 1 % der Bevölkerung. Während der Zeit von Präsident Bush vor der Krise waren es sogar 73 %.

Nie hat es ein stärkeres Argument für richterliches Handeln gegeben, bestehende Gesetze und Rechte so auszulegen, dass Kernwerte unserer Zivilisation geschützt werden. Der Wunsch, zukünftigen Generationen einen gesunden Planeten zu übergeben, ist vermutlich der größte gemeinsame menschliche Wert.

Ich bin mir der Bedenken und Gegenargumente wohl bewusst. Schließlich war es das Eingreifen des Obersten Gerichts der USA, das das Auszählen der Stimmen in Florida anlässlich der Präsidentenwahl im Jahre 2000 stoppte und den mächtigsten Job auf dieser Welt dem Verlierer, George W. Bush, übertrug.

Heute aber haben wir keine Wahl, als der Justiz zu vertrauen, da die Politik beim Schutz des Grundrechts auf Leben für die nächsten Generationen versagt und sich der Tyrannei kurzlebiger wirtschaftlicher Überlegungen unterordnet.

Richterliches Handeln kann die öffentlichen Debatten neu ausrichten, hin zu globalen Bürgerpflichten und -verantwortlichkeiten, so wie es die UNESCO versuchte (und scheiterte), als die zur Abstimmung anstehende Valencia-Erklärung, die zum 50. Jahrestag der Allgemeinen Erklärung der Menschenrechte von Politikern, Diplomaten und Intellektuellen als „Erklärung von Menschenpflichten und Verantwortlichkeiten" erarbeitet worden war, u. a. durch die USA blockiert wurde.

Die meisten von uns sind zunächst Bürger, und erst in zweiter Linie Konsumenten. Doch unsere Regierungen sehen uns heutzutage nur als Konsumenten in der Hoffnung, dass wir den Tauschhandel mitmachen: die Zukunft unserer Kinder gegen mehr Einkaufsmöglichkeiten!

In vielen Ländern ist das Glücksspiel nicht illegal, wird aber als unmoralisch angesehen. Demgemäß gelten Spielschulden nicht als gesetzlich einklagbar. Bis in die jüngste Zeit galt das auch für ungedeckte Finanzspekulationen auf zukünftige Preisentwicklungen (also z. B. nicht für einen Bauern, der den Preis seiner nächsten Ernte absichern wollte). Daher hatte das deutsche Recht lange Zeit einen Finanzwettvorbehalt, der solche Wetten als nicht einklagbar einstufte. 2002 hat die Bundesregierung auf Druck der Bankenlobby diesen Vorbehalt aufgehoben. Der Weltzukunftsrat hat ermittelt, dass vergleichbare Änderungen und Neuinterpretationen auch in Österreich und der Schweiz durchgeführt wurden – und ohne Zweifel auch in anderen Ländern.

Bald darauf begannen Banken, komplizierte Spekulationsinstrumente an deutsche Sparer, örtliche Behörden etc. zu verkaufen, was große Verluste mit sich brachte. Unsere Interviews mit politischen Entscheidungsträgen in der damaligen rot-grünen Regierung, machten deutlich, dass die Implikationen dieser Veränderungen gar nicht begriffen wurden; sie hielten sie für rein „technisch".

Unsere Welt ist globalisiert worden, ohne dass es eine funktionierende globale Regierung gibt. Zudem werden multilaterale Rahmenbedingungen mehr und mehr abgebaut. Selbst in weniger kritischen Zeiten würde das eine aktive Richterschaft erfordern.

Doch wie wir wissen, sind die Zeiten heute alles andere als normal. Mit dem gegenwärtigen Konsumniveau kann es keine gesunde Umwelt und keinen Frieden geben. Institutionen, Strukturen und Normen, die diesen Konsum noch befördern, müssen verändert werden. Es muss Norm werden, dass die Produktionskosten voll mitgerechnet werden. Die Auslagerung von Produktionskosten zum Nachteil der Umwelt und zukünftiger Generationen muss als unfairer Wettbewerb geächtet werden.

Damit die Demokratie in die wirtschaftliche und finanzielle Arena hinein erweitert werden kann, bedarf es engagierter Richter.

Wie im Falle der oben erwähnten Finanzwetten ist auch die Herrschaft der Banker über die Regierungen nur möglich, weil dies durch die Gesetzgebung abgedeckt wird. Da immer mehr öffentliche Güter privatisiert und knapper werden, müssen wir unsere Demokratien entsprechend der auf uns zukommenden Risiken und Gefahren erweitern in „Ökokratien", um Demokratien also, die die ökologischen Rahmenbedingungen respektieren.

Wir brauchen weder einen naiven Optimismus à la „Technologie und Märkte werden die Probleme schon in den Griff bekommen.", noch einen Untergangspessimismus. Nicht alle Probleme können mit Gesetzen gelöst werden, aber sie können bewirken, dass Recht und Verantwortung Hand in Hand gehen. Sie können eine kollektive Veränderung bewirken, indem sie eine starke Botschaft aussenden, die die moralische Leere der Marktgesetze herausfordert.

Länder, die als erstes dem Klimawandel zum Opfer fallen werden (wie die kleine Pazifik-Republik Palau), erwägen derzeit juristische Schritte gegen die hauptsächlich verantwortlichen Staaten. Das kann kein Ersatz für politisches Handeln sein, aber hilfreich für eine Klarstellung der Tatsachen.

Der Weltzukunftsrat benennt, untersucht und verbreitet exemplarische Gesetze und Strategien weltweit. Diese werden nach den Kriterien, die von der *International Law Association* entwickelt und 2002 von der UNO angenommen wurden, überprüft. Unser jüngstes Projekt, der *Global Policy Action Plan*, fasst erstmals die wichtigsten Vorschläge und Maßnahmen für einen Strategiewechsel zusammen, denn die Bedrohungen durch die Klimakatastrophe, die Übersäuerung der Meere, Wasserknappheit und Massenvernichtungswaffen etc. sind miteinander verbunden.

Zur Finanzierung der menschlichen und ökologischen Sicherheit müssen schrittweise und weltweit die Militärausgaben umgewidmet werden. Wir brauchen auch eine radikale Steuerreform, die die Besteuerungsgrundlage von Arbeit (die wir brauchen) auf Ressourcen (die wir sparen müssen) umschichtet; die Wertsteigerung von Immobilienbesitz müsste besteuert werden. Eine solche (notwendigerweise langsame) Umverteilung muss durch eine (schnelle) „Vor-Verteilung" ergänzt werden, also durch die zins-

und steuerfreie Schöpfung neuen Geldes durch die Zentralbanken, mit dem ein Crash-Programm zur ökologischen Modernisierung unserer Produktions- und Konsum-Systeme finanziert wird. Wenn dieses neue Geld nur dafür eingesetzt wird, bisher mit ungenutzten Kapazitäten die Produktion neuer Güter und Dienstleistungen zu finanzieren, wird es keine inflationären Auswirkungen haben.

Der Plan zeigt auch erfolgreiche Beispiele der Abschaffung und Umwidmung fossiler Energie-Subventionen. Wo immer möglich, verweist er auf bereits existierende Maßnahmen in einem Land, oder einer Region, die anderswo oft noch unbekannt sind.

Wir zeigen auch, wie Verbrechen gegen kommende Generationen als kriminell verfolgt werden können. Wir schlagen vor (und helfen bereits, es umzusetzen), dass Ombudspersonen für zukünftige Generationen auf allen politischen Ebenen einschließlich der UNO gewählt werden.

Der Plan schließt auch einen garantierten Zugang zur Empfängnisverhütung für alle Frauen ein, damit jedes Kind, das geboren wird, auch erwünscht ist. Und er schlägt zudem ein einklagbares Recht auf Ausbildung vor, auf Schutz vor Gewalt und auf Zugang zu juristischen Dienstleistungen.

All dies braucht verantwortliche Politiker. Deshalb gehören zu unseren Vorschlägen auch Maßnahmen, die sicherstellen sollen, dass Wahlen nicht gekauft werden können, wozu (wie auf Island) die staatliche Förderung und freier Medienzugang für alle Kandidaten gehören, die öffentliche Unterstützung vorweisen können. Außerdem ist vorgesehen, dass Kandidaten für öffentliche Ämter, wie auch Ökonomen und Business-School-Absolventen, einen ökologischen Bildungstest absolvieren. Letztlich soll natürliches und gesellschaftliches Kapital bei der Entscheidungsfindung der Regierungen das gleiche Gewicht wie das Bruttosozialprodukt erhalten.

Viele dieser Maßnahmen sind nicht neu, aber sie in einem gemeinsamen Plan zu bündeln, wird auch gemeinsame Aktionen ermöglichen. In Krisenzeiten können große Schritte oft eher als kleinere umgesetzt werden – weil sie inspirieren und es sich für sie daher leichter mobilisieren lässt. Wie Martin Luther King sagte: Gesetze bewegen nicht die Herzen, aber sie behindern die Herzlosen.

Richterliches Handeln ist heutzutage nötiger denn je, um die Herrschaft des Marktradikalismus zu mäßigen. In vielen Bereichen, z. B. im Energiesektor, gibt es aufgrund der massiven Subventionen gar keine funktionierenden Märkte, was es einer geringen Zahl von Firmen ermöglicht, unsere Zukunft zu bestimmen. Studien zeigen, dass die globale Erwärmung zum überwiegenden Teil von 90 großen Firmen verursacht wird.

Ex-Präsident Obama warnte, dass „politische Führer kein Risiko eingehen, welches die Menschen nicht von ihnen fordern".

Vor über 200 Jahren hat Präsident Thomas Jefferson nach einer Reise durch das vorrevolutionäre Frankreich geschrieben: „Wo immer es in einem Staat unkultiviertes Land und unbeschäftigte Arme gibt, kann man davon ausgehen, dass Eigentumsgesetze ausgeweitet und über das Naturrecht gestellt wurden."

Heute gibt es einen weitaus drastischeren Konflikt zwischen den Eigentums- und Geld-Gesetzen und den Naturgesetzen. Aber die Gesetze der Natur werden am Ende siegen, denn schmelzende Gletscher und sich ausdehnende Wüsten sind mächtiger als wir. Während wir mit Geld-Schuldnern verhandeln können, geht das nicht mit der Umwelt. Wenn Gesetz und Recht nicht handeln, handelt die Natur. Und sie hat keine Berufungsinstanz, an die man sich später wenden kann! Wenn politische Führer – demokratisch gewählt oder nicht – das Risiko und die Gefahr nicht begreifen, dann sind die Hüter des Gesetzes verpflichtet, die Grundlagen des Lebens zu schützen!

Der US-amerikanische Klimaaktivist und Autor Bill McKibben bekam den Alternativen Nobelpreis im Jahr 2014 verliehen „für die Mobilisierung öffentlicher Unterstützung in den USA und in der Welt für ein starkes Handeln, um der Bedrohung des globalen Klimawandels entgegenzuwirken". Seit den 80er Jahren hat McKibben zusammen mit Klimaforschern diverse Kampagnen für den Klimaschutz angestoßen, Demonstrationen angeführt und Organisationen gegründet. Die Bekannteste ist die in vielen Ländern aktive Kampagne „350.org", die zum Ziel hat, den Kohlendioxidgehalt in der Luft auf 350 ppm (Anteile pro Million Luftpartikeln) zu reduzieren, und in rund 180 Ländern gleichzeitige Demonstrationen initiiert hat.

McKibben sieht die Verantwortung des Einzelnen im Kampf gegen den Klimawandel: „Das Wichtigste ist, dass jede einzelne Person etwas weniger als Individuum lebt, dass sie zusammenkommen und an diesen großen Bewegungen teilnehmen, die vielleicht in der Lage sind, das System und die Struktur, die das Problem verursachen, zu verändern." (Interview www.dw.com, 11.12.2015)

Zeit der Konsequenzen

> *„… die Jahre des Zögerns und Zauderns sind vorbei …*
> *nun müssen wir die Konsequenzen ziehen."*
> Winston Churchill (1936)

Unsere Vorfahren glauben manchmal in historisch entscheidenden Zeiten der Veränderung und des Übergangs zu leben – ein Glaube, den ihre Nachkommen nicht immer teilten. Aber, es kann kein Zweifel bestehen, dass, und ich betone das erneut, wir heute in einer beispiellosen Epoche leben. Unsere Entscheidungen und Taten oder unsere Untätigkeit werden ihre Auswirkungen für kommende Jahrhunderte, vielleicht Jahrtausende oder womöglich sogar für geologische Perioden haben.

Das bedeutet aber auch Verantwortung, die wir uns nicht ausgesucht haben, der wir aber auch nicht entgehen können. Sie ist das Ergebnis der Entscheidungen früherer Generationen einschließlich meiner, die anfangs möglicherweise aus Nichtwissen, während der letzten Jahrzehnte aber wissentlich getroffen wurden. Wir haben Wetten auf die Zukunft der menschlichen Zivilisation abgeschlossen, in der Hoffnung, dass Wirtschaftswachstum, Märkte und Technologien Lösungen für die von uns geschaffenen Probleme irgendwie finden werden.

Während des vergangenen Jahrhunderts entwickelte sich in Westeuropa und Nordamerika ein neues Glaubenssystem vom ewigen Wirtschaftswachstum, welches mit dem Versprechen eines Paradieses auf Erden, wenig überraschend, die Welt eroberte. Warnungen vor natürlichen Grenzen wurden verlacht und insofern umgangen, als man in die ökologischen und wirtschaftlichen Räume anderer Länder eindrang.

Um die Skeptiker zu beruhigen und die Anhäufung von Reichtum für eine kleine Minderheit zu rechtfertigen, musste das Wirtschaftswachstum ständig auf Kosten der Gesundheit unseres Planeten beschleunigt werden. Wichtige Regeln wie die, das Wasser nicht zu vergiften – ein Kapitalverbrechen bei unseren Vorfahren – oder auch den Boden und die Luft, wurden gebrochen.

Doch auch wenn die Herausforderungen, denen wir uns heute gegenübersehen, ohne jedes Vorbild sind, gibt es in der Geschichte dennoch viele Beispiele für Völker, die anscheinend unmögliche Situationen überwunden haben.

Die Gegner der Sklaverei waren die ersten, die eine internationale Bewegung ins Leben riefen, um die Rechte von Menschen zu verteidigen, die sie nicht einmal kannten. Damals waren dreiviertel aller Menschen in der Welt versklavt. Andere zu versklaven war, was die Menschen seit Jahrhunderten getan hatten. Gegner der Sklaverei wurden verlacht; man sagte ihnen, sie würden die Wirtschaft zerstören. Innerhalb weniger Jahrzehnte aber war ihr moralischer Kreuzzug von Erfolg gekrönt, und die Sklaverei wurde überall auf der Welt für ungesetzlich erklärt.

1941 erklärte der britische Premierminister Winston Churchill dem amerikanischen Präsidenten Roosevelt, dass er keine realistischen Verteidigungsmöglichkeiten gegen eine drohende deutsche Invasion hätte und dringend Flugzeuge und Schiffe in großer Anzahl benötigte. Roosevelt berief daraufhin die Chefs der US-Industrie zu sich, die ihm sagten, dass diese Forderungen unmöglich zu erfüllen seien. Daraufhin verfügte Roosevelt mit dem *Selective Service Act* eine Maßnahme, die ihm ermöglichte, unkooperative Fabriken zu übernehmen, woraufhin die Industriellen ganz schnell ihren Kurs änderten. 1943 wurde alle vier Minuten ein Flugzeug fertiggestellt, ein Panzer alle sieben Minuten und jeden Tag zwei seegängige Schiffe. Roosevelts Biographin Doris Kearns Goodwin schreibt: „Während die Industriebosse einer statischen Sichtweise auf die amerikanische Wirtschaft anhingen, waren es ironischerweise Roosevelt und seine unpraktischen Theoretiker, die eine machtvolle Vision von der Möglichkeiten des Landes hatten, mehr zu produzieren, als irgendeiner für möglich gehalten hätte".

Visionäre Führungspersönlichkeiten erweitern die Grenzen des Möglichen. Aber wo sind diese Persönlichkeiten heute, die uns inspirieren und motivieren, die auf die immer verzweifelteren Warnungen der Wissenschaftler hören und die den Mut haben, zuzugeben, dass die gegenwärtige Politik nicht ins Paradies, sondern zum Zusammenbruch der menschlichen Zivilisation führt, vielleicht sogar die Erde unbewohnbar macht?

Nach der letzten Finanzkrise hat der damalige britische Premierminister Gordon Brown in *Beyond the Crash (Was folgt – Wie wir weltweit neues Wachstum schaffen)* geschrieben: „[Es herrschte] in den größten Banken der Welt eine Kultur unethischer Finanzpraktiken [...], die bis in die Vorstandsetagen stillschweigend geduldet, verziehen und belohnt wurde" (S. 125). Banken, so fand er heraus, hatten die Einlagen der Sparer ohne deren Kenntnis ausgegeben. Brown war „wütend": „Man hat uns hinters Licht geführt".

Ich wiederum war sehr überrascht zu erfahren, dass der Regierungschef einer größeren G7-Wirtschaftsmacht (und zudem lange davor Schatzkanzler) nicht wusste, wie unser Finanzsystem funktioniert!

Dass stetes Wachstum ein weltweiter Imperativ ist, gehört zu den Grundüberzeugungen unserer Politiker. Wenn man ihnen erklärt, dass das physikalisch gar nicht möglich ist, wissen sie nicht weiter. Trotz ihrer wiederholten Versicherungen, die globale Krise wäre vorüber, ist der Prozentsatz der Eltern in den (bisher immer optimistischen) USA, die glauben, ihre Kinder hätten es zukünftig besser, von 71 % im Jahre 2000 auf 15 % im Jahre 2013 gesunken. Der Klimawandel ist das entscheidende Thema unserer Zeit und die größte Herausforderung, wo immer wir leben. Er wird riesige Flüchtlingswellen verursachen, auf die wir weder politisch noch moralisch vorbereitet sind. In Bangladesch wandern monatlich bereits etwa 50.000 Menschen in die Städte ab, weil der steigende Meeresspiegel ihre Dörfer unbewohnbar gemacht und ihr bewirtschaftbares Land zerstört hat. Der frühere Chef des Internationalen Währungsfonds, Michel Camdessus, erwartet, dass in den kommenden Jahrzehnten hunderte Millionen von afrikanischen Klimaflüchtlingen versuchen werden, Europa zu erreichen, weil sie zuhause keine Lebensgrundlage mehr haben. Was auch immer die EU versuchen wird, um sie aufzuhalten – es werden genug ankommen, um auch Länder Europas unregierbar zu machen.

Wie sieht die Reaktion unserer politischen Klasse auf diesen wachsenden Notstand aus? Es ist klar, dass drastische Entscheidungen jetzt notwendig sind, damit wir eine Chance haben, die globale Klimaerwärmung unter der 2-Grad-Grenze zu halten. Bei einer Erwärmung über 2 Grad ist eine Anpassung nicht mehr möglich. Wird die Menschheit gemeinsam daran arbeiten, um dieser globalen Herausforderung zu begegnen?

Ich fürchte, bislang ist die Antwort eher nein. Bei den Konferenzen 2015 in Bonn z. B., die den Pariser Klimagipfel vorbereiteten, zeigen die Diskussionsprotokolle eine erschreckende Unfähigkeit, das Ausmaß der Bedrohung zu begreifen.

In der Überschrift zum Teil – „ein globaler Rahmen zur Finanzierung nachhaltiger Entwicklung" – forderten die G77-Länder und China, den Begriff „nachhaltig" zu streichen!

In einem Abschnitt, der besagte, dass „Regierungen und Hohe Vertreter zusammengekommen sind, um der Herausforderung der Finanzierung einer nachhaltigen Entwicklung" zu begegnen, forderte die EU, „Finanzierung" durch „Implementierung" zu ersetzen.

Beim Thema ‚Zusicherung' dass erhebliche Finanzmittel bereitgestellt würden', sagten die USA, sie könnten den Begriff „Zusicherung" nicht unterstützen und schlugen stattdessen „Förderung" vor. Australien warnte davor, Investoren aufzufordern, bestimmte Verhaltensweisen zu ändern oder sie dazu zu ermutigen und meinte, dies könne dahingehend interpretiert werden, dass Regierungen dem privaten Sektor Vorschriften machen wollte!

Die G77-Staaten und China forderten die Streichung des Paragraphen ‚zur allmählichen Eliminierung ineffizienter Subventionen für Produktion und Verbrauch fossiler Energieträger'. Kanada verlangte die Streichung des Satzes, wonach für den Verbrauch von Kohle ein bestimmter Preis bezahlt werden sollte. Australien verlangte, unterstützt von den USA, die Streichung eines Aufrufs an private Akteure, langfristig zu investieren … und nachhaltigen Konsum und Produktion zu fördern.

Australien, wiederum von den USA unterstützt, drückte seine Sorge wegen der Forderung aus, Firmen sollten auch nicht-finanzielle Faktoren in ihren Kalkulationen berücksichtigen.

In einem Abschnitt darüber, dass Mitgliedsstaaten die Entwicklung, Verbreitung und Verteilung wichtiger Umwelttechnologien zu günstigen Bedingungen in Entwicklungsländern fördern sollten, hatten die USA grundsätzliche Einwände, gegen „zu günstige Bedingungen".

Die G77-Staaten und China verlangten die Streichung der Forderung nach Nachhaltigkeit in Handels- und Investmentübereinkünften. Die EU schlug einen Text über die Auswirkungen von

Handelsverträgen auf Menschenrechte vor; Australien und die USA waren dagegen.

Wer glaubt, führende Politiker hätten immer im Interesse der Lobbyisten gehandelt, sollte sie sich an ein Zitat von Präsident Roosevelt erinnern (1936): „Gerne hätte ich von meiner ersten Amtszeit gesagt, dass die Kräfte des Egoismus und der Machtgier einen ebenbürtigen Gegner gefunden hatten ... Gerne hätte ich von meiner zweiten gesagt, dass diese Kräfte hier ihren Herrn fanden".

Die niederschmetternde Wahrheit lautet: Vor 25 Jahren waren wir schon viel weiter. In einer Befragung von CBS und New York Times von 1989 stimmten 80 % der Befragten in den USA zu, dass der Schutz der Umwelt so wichtig sei, dass die Standards dafür nicht hoch genug sein könnten und fortlaufend Verbesserungen in der Umweltpolitik vorgenommen werden müssten, egal zu welchen Kosten.

Was ist in der Zwischenzeit passiert? Die Kräfte der Selbstsucht und der Machtgier, von denen Roosevelt gesprochen hat, haben die Welt erobert. Während in England dreiviertel der Bevölkerung glauben, der Klimawandel wäre von Menschen verursacht, trifft das für die Parlamentsmitglieder nur zur Hälfte zu. 71 % der konservativen Parlamentarier glauben, der vom Menschen gemachte Klimawandel sei entweder unbewiesen oder nur „Umwelt-Propaganda".

Doch Veränderungen kommen, wenn die Zeit dafür reif ist, schnell. Als plötzlich und unerwartet die Berliner Mauer fiel, fiel auch die alte Ordnung in sich zusammen und „ganz normale" Leute, die das Vertrauen ihrer Mitmenschen hatten, versammelten sich an den berühmten Runden Tischen, um ihr Land in die Zukunft zu steuern. Das könnte in der kommenden Krise unsere Rolle sein.

Unlängst hat der chinesische Präsident seine Überzeugung bekräftigt, dass wir in Harmonie mit der Natur leben und „unermüdlich an Selbsterneuerung" arbeiten müssten. Er sagte, sein Ziel wäre die Errichtung einer gemäßigt wohlhabenden Gesellschaft. Er wird sich wohl der Tatsache bewusst gewesen sein, dass der Pro-Kopf-Verbrauch des Westens von Naturressourcen in China nicht wiederholt werden kann. Und das wiederum wirft hier bei uns die Frage nach der Berechtigung für unseren eigenen Verbrauch auf.

Da Wirtschaftswachstum, ohne unseren Planeten zu ruinieren, keinen westeuropäischen Lebensstandard für alle ermöglichen kann, müssen Fragen nach globaler Gerechtigkeit und Gleichheit gestellt werden. Ernstzunehmende Politiker im Globalen Süden wissen sehr wohl, dass die Übernahme des westlichen Entwicklungsmodells, selbst wenn die CO_2-Emissionen in den Industrieländern auf null zurückfielen, ihre Umwelt zerstören würde. Und, wie der verstorbene Premierminister von Äthiopien, Meles Zenawi, sagte, sei der gleichberechtigte Zugang zu einer unabwendbaren Katastrophe und das gleiche Recht, „den Planeten zu plündern, nur weil andere das in der Vergangenheit gemacht" hätten, kein erstrebenswertes Ziel.

Es wird von den Befürwortern des gegenwärtigen Wachstumskurses behauptet, dass die ärmeren Länder die Bedrohung ihrer Umwelt nicht priorisieren. Aber als bei einer weltweiten Umfrage gefragt wurde, ob„ dem Kampf gegen den Klimawandel Priorität eingeräumt werden sollte, auch wenn dies ein langsameres Wirtschaftswachstum bedeuten und Jobs kosten würde", stimmten dem in den USA nur 14 % „vorbehaltlos" zu, in Frankreich 23 %, in der Türkei 37 % und in Kenia 53 %.

Der Wille zur Veränderung ist also da. Auch der *World Business Council for Sustainable Development WBSCD* (Weltwirtschaftsrat für Nachhaltige Entwicklung) hat nun die Festsetzung von Kohlenstoff-Emissionspreisen akzeptiert, einschließlich des *Border Tax Adjustments* (Zölle auf importierte bzw. exportierte

Güter), sofern es eine „regulatorische Sicherheit" gibt.

Die Öl-Lobby, angetrieben durch jährlich mehr als 500 Milliarden Dollar an Subventionen, wird nicht leicht zu schlagen sein, doch das Fenster zur Veränderung ist geöffnet, und wir haben die Wahl.

Vor ein paar Jahren hielt ein Freund in einer russischen Hochschule einen Vortrag über den Klimawandel. Nachdem er seine Hörer überzeugt hatte, dass die Umweltkrise ganz real ist, standen ein paar Studenten auf und gingen hinaus; einer von ihnen meinte, dass sie, da auch der Kapitalismus zum Scheitern verurteilt sei, sich nun der Mafia anschließen und das Leben genießen wollten, solange noch Zeit dazu wäre.

Der Klimakrieg wird nicht von Twitter und Facebook gewonnen. Soziale Medien sind, wie wir seit dem ‚Arabischen Frühling' wissen, sehr hilfreich. Um wirkliche Veränderungen zu bewirken, sind jedoch persönliche Präsenz und Engagement erforderlich. Der PR-Guru Frank Mankiewicz sagte einmal, dass die Umweltschützer sich wie der Mob in Rumänien aufführen müssten (der die Diktatur Ceauescus schnell beendete), ehe sie sich durchsetzen.

Wenn wir keine Zukunft wollen, in der „Konflikte endemische Kennzeichen des Lebens" werden, brauchen wir eine radikale und umfassende Veränderung unserer Gesellschaften und unserer Lebensweise (so ein Pentagon-Bericht aus dem Jahr 2004 über Umweltrisiken). Wie schnell diese Zukunft kommt, ist die große Unbekannte. Vor 10.000 Jahren, als die Welt die letzte Eiszeit hinter sich ließ, stiegen die Temperaturen innerhalb eines Jahrzehnts um mehr als sechs Grad an.

Wir sind daran gewöhnt, dass die Medien übertreiben. Geht es aber um das Klima, ist das Gegenteil der Fall – die sachkundigen Wissenschaftler sind viel besorgter als die Kommentatoren.

In ärmeren Ländern sind die Folgen bereits zu spüren und haben Auswirkungen auf jeden Lebensbereich – und ihre Kenntnisse der Natur, die den Menschen dort bislang das Überleben ermöglichten, werden für sie immer wertloser.

Fatih Birol, Direktor der Internationalen Energie-Agentur IEA, der erst vor kurzem das Ausmaß der Bedrohung begriff, sagt nun, dass die nächsten Jahre für die Begrenzung eines durchschnittlichen Temperaturanstiegs von 2 °Celsius entscheidend sein werden. Nach Aussage der meisten Klimatologen ist dies das noch beherrschbare Maximum.

Besteht denn noch irgendeine Chance für solch eine schnelle Umkehr – nach all der verschwendeten Zeit und den ergebnislosen Konferenzen? Das hängt in erster Linie von unserem Druck und unserer Energie ab.

Auch der Papst hat sich klar und unmissverständlich dazu geäußert und die Katholiken auf der ganzen Welt werden handeln müssen, wollen sie nicht ihren Glauben verraten.

Im November 2014 ging in Stockholm der Right Livelihood Award (Alternativer Nobelpreis), unter anderem an den Herausgeber des Londoner *Guardian* – heute die größte Online-Nachrichtenseite der Welt – und an den prominenten US-Klimaaktivisten Bill McKibben. Ihr Zusammentreffen führte zu der laufenden Kampagne des *Guardian*, institutionelle Investoren dazu zu bringen, nicht mehr in Firmen zu investieren, die mit fossilen Energien handeln oder sie einsetzen. Das hat die fossile Treibstoff-Lobby bereits in die Defensive gebracht. Angesichts der Tatsache, dass die Hälfte der gesamten Londoner Börse in Werte investiert, die wertlos werden, wenn die zugrundeliegenden fossilen Reserven aufgrund von Klimagesetzen nicht mehr abbaubar sind, ist das schon ein bemerkenswerter Vorstoß.

Oft wird gesagt, es gäbe keine Alternative zur gegenwärtigen „modernen" Weltordnung, außer man würde in die Steinzeit zurückkehren. Das ist natürlich Unsinn. Selbst vor einer Generation hätten wir noch einen relativ sanften Übergang zu einer nachhaltigen Weltordnung schaffen können, wenn meine Generation auf frühe Warner wie Al Gore gehört und die verschiedenen Zukunfts-Szenarien, wie sie der Club of Rome präsentierte, ernst genommen hätte.

Da wir das nicht getan haben, wird der Übergang jetzt zu einer sehr viel größeren Herausforderung. Dennoch: Wenn wir jetzt handeln, besteht noch die Möglichkeit, eine gute Lebensqualität für alle zu erreichen.

Die Aufgabe, der wir gegenüberstehen, ist mit dem Ende des Mittelalters vergleichbar, als die Macht der Kirche, die auf religiösen Dogmen beruhte, den Fortschritt behinderte. Ähnlich wie die Debatten über diese Dogmen nur auf Lateinisch geführt wurden, werden die heutigen Debatten in der Finanzsprache geführt und von finanziellen Dogmen behindert.

So kann jede notwendige Reform durch die Behauptung blockiert werden, sie würde zu viel kosten, was eigentlich besagt, dass wir es uns womöglich gar nicht mehr leisten können, auf diesem Planeten zu leben! Tatsächlich aber ist alles was möglich ist, auch finanzierbar. Neues Geld zu schöpfen, um neue Güter und Dienstleistungen zu finanzieren, ist nicht inflationär. Wenn wir, wie geschehen, Billionen zur Rettung von Banken erschaffen, können wir selbstverständlich auch schaffen, das Klima zu stabilisieren und unsere natürliche Umwelt zu schützen. Denn davon hängt das Leben auf der Erde, einschließlich der Wirtschaft und der Märkte, schließlich ab. Wie schon gesagt, sind finanzielle Schulden immer bezahlbar im Gegensatz zur Natur, die keine „Rettungspakete" bereithält.

Die größte Bedrohung stellen Ökonomen dar, die natürliche Grenzen und Risiken nicht verstehen. Sie beten die Märkte an. Ihre Behauptung, dass Märkte sich selbst regulieren und den Staat nicht brauchen, ist ein Mythos. Karl Polanyi, der Soziologe des Kapitalismus, schrieb, dass der Weg zum freien Markt durch stete, zentral organisierte und kontrollierte staatliche Interventionen geöffnet und offen gehalten wurde.

Technologische Neuerungen wurden oft erst durch staatliche Unterstützung und Regulierung ermöglicht. Wenn solche Regulierungen durch starke Lobbys geschwächt werden, kommt es zu Krisen. Von 2000 bis 2002 wurden, auf Betreiben der Finanzindustrie, Wetten auf zukünftige Preisentwicklungen gesetzlich einklagbare Verträge und galten nicht mehr als nicht einklagbare Wettschulden. Dies war einer der Hauptgründe für die Finanzkrise.

Der englische Gesellschaftskritiker John Ruskin sagte vor 150 Jahren, dass private Unternehmen, solange sie auch wirklich ‚Unternehmen' sind, nicht behindert, sondern für ihren Einfallsreichtum und Wagemut ermutigt werden sollten. Doch ‚private Unternehmen', die die Umwelt vergiften oder spekulieren, während das Risiko vergesellschaftet wird, sollten mit allen Mitteln daran gehindert werden.

Wir müssen entscheiden, ob wir Teil des Problems oder Teil der Lösung sein wollen. Um unsere persönliche Rolle zu finden, gilt noch immer der Rat von Aristoteles: „Wo die Bedürfnisse der Welt und Deine Talente zusammentreffen, da liegt Deine Berufung".

Future Policy Award 2015 zum Thema Rechte der Kinder

Von links nach rechts: Jakob von Uexküll (WFC Gründer), Shane Keenan (UNICEF Sansibar), Deusdedit B. Kaganda (Gesandter der Ständigen Vertretung Tansanias bei der UN), Didas Khalfan Daud (juristischer Berater, MESWYWC), Asha Ali Abdulla (Generalsekretär des Ministeriums für Empowerment, Soziales, Jugend, Frauen und Kinder), Samia Kassid (WFC Senior Projektmanagerin, Die Rechte der Kinder), Rahma Ali Khamis (Direktorin der Abteilung für Frauen und Kinder), Alexandra Wandel (WFC Direktorin), Dr. Michael Otto (WFC Ehrenratsmitglied), Alistair Whitby (Senior Politikreferent, WFC)

Jakob von Uexküll im Interview[1]

I.K.: Herr von Uexküll, sind Sie ein Weltverbesserer?
J.v.U.: Ich bin jemand, der sehr praktisch denkt. Und mich hat einfach immer schon interessiert, warum wir mit Problemen leben, die wir doch lösen können. Es gibt sicherlich auch Probleme, die wir nicht lösen können, aber warum leben wir weiterhin mit Problemen, die wir sehr wohl lösen können? Mich interessierte dabei immer: Wo gibt es bereits Lösungen und warum werden diese nicht umgesetzt? Das war jedenfalls von Anfang an mein Ziel. Dass das die Welt verbessert, ist klar. Aber ich sehe mich nicht als Weltverbesserer, denn das klingt irgendwie so idealistisch und abstrakt, und genau das bin ich nicht.
I.K.: Sie sind aber im Laufe Ihres Lebens tatsächlich immer wieder als Gutmensch belächelt worden, auch teilweise als Radikaler empfunden oder bezeichnet worden. Heute sind Sie ein Mann, der preisgekrönt ist, der weltweit Gehör findet bei den Regierungen. Ist das für Sie eine späte Genugtuung?
J.v.U.: Wenn die Menschen mit diesem merkwürdigen Begriff „Gutmensch" ankamen, dann habe ich immer gesagt: „Wenn der Gutmensch etwas Schlechtes ist, dann muss ja der Schlechtmensch etwas Gutes sein!" Das hat mich also nie interessiert und es gab auch immer genügend Menschen, die mich verstanden haben. Und gut, „radikal" ist ja auch ein

---
[1] Gespräch mit Imke Köhler vom Bayerischen Rundfunk in der Sendung „alpha-Forum".

interessantes Wort. Es heißt, an die Wurzel der Probleme zu gehen. Die Frage ist nur, in welcher Richtung man radikal ist. Wortradikalität hat mich jedenfalls nie interessiert. Aber man muss natürlich schon sehen, dass wir auf dem falschen Weg sind. Wenn Klimaexperten sagen, wir bedrohen die Zukunft unserer Kinder und Enkel, dann muss man sich doch wirklich fragen, ob wir nicht radikal umsteuern sollten. Gleichzeitig war ich aber auch immer ein Realist, und zwar in dem Sinne, dass ich jeden einzelnen und auch einen kleinen Schritt wirklich begrüßt habe. Der Alternative Nobelpreis wurde am Anfang von einigen in der Tat als KGB- oder CIA-Komplott gegen den Nobelpreis gesehen. Denn damals war ja noch die Zeit des Kalten Kriegs. Aber es gab z. B. auch eine Abgeordnete im schwedischen Parlament, die in fünfjähriger harter Arbeit dafür gesorgt hat, dass dieser Preis bereits fünf Jahre nach seiner ersten Vergabe und seitdem immer wieder im schwedischen Parlament verliehen wird. Das ist also nichts, was erst in den letzten Jahren so gekommen wäre. Dass dieser Preis in Deutschland als Alternativer Nobelpreis bekannt ist, ist natürlich wichtig: Man hat hier richtigerweise erkannt, dass der Nobelpreis als bekanntester internationaler Preis natürlich eine bestimmte Funktion, eine Signalfunktion hat. Der Nobelpreis war auch einer der ersten internationalen Preise in einer doch noch sehr national denkenden Zeit. Aber gleichzeitig ist man beim Nobelpreiskomitee selbst nicht mit der Zeit gegangen, denn der einzige neue Nobelpreis, der vergeben wird und der nicht schon von Nobel selbst stammt, ist derjenige für Ökonomie. Aus diesem Grund haben sehr viele Menschen, vor allem auch in Deutschland, gesagt: Unser Alternativer Nobelpreis ist viel eher im Sinne von Alfred Nobel. Denn Nobel wollte ja ganz klar diejenigen unterstützen, die

„der Menschheit den größten Nutzen gebracht haben", wie er schrieb. Ich glaube, dieses Verständnis dafür war schon recht früh vorhanden. Nicht gleich im ersten Jahr, aber bereits nach ungefähr fünf Jahren habe ich gemerkt, dass dieser Preis eine Signalwirkung hat.

I.K.: War es der symbolhafte Ausdruck Ihres Verständnisses vom Wert der Dinge, als Sie diesen Preis gestiftet haben? Denn für Sie gilt ja das Motto: Es gibt Dinge, die einen höheren Wert haben als persönlicher Besitz. Denn letztlich haben Sie ja, um diesen Preis stiften zu können, Ihre sehr wertvolle private Briefmarkensammlung verkauft.

J.v.U.: Ja, ich hatte mit Briefmarken gehandelt und habe dann meinen Bestand verkauft. Ich habe mich gefragt: Warum hat man denn Besitz? Weil einem das irgendwie so großen Spaß macht? Na, ich muss sagen: Die Genugtuung, die ich habe, wenn ich sehe, was dieser Preis bewirken kann, ist viel größer, als wenn ich diese Sammlung behalten hätte oder mir mit dem Erlös aus der Sammlung meinetwegen ein größeres Haus oder ein Boot gekauft hätte. Denn so ein Preis kann in der Tat etwas bewirken und Menschen unterstützen. Diese Menschen riskierten und riskieren ja viel mehr als ich. Aus dem Grund war es für mich eine Selbstverständlichkeit, das zu tun. Ich habe eine Lücke gesehen und ich hatte die Möglichkeit, diese Lücke zu füllen. Wobei man aber betonen muss, dass ich nie genügend Geld hatte, um diesen Preis bis heute am Leben zu erhalten. Ich habe ja nur mit Briefmarken gehandelt.

I.K.: Aber Sie haben am Anfang Ihr eigenes Privatvermögen in diesen Preis investiert?

J.v.U.: Das stimmt.

I.K.: Hat das Sammlerherz geblutet, als Sie dann diese Sammlung verkauft haben?

J.v.U. Nein. Die Briefmarken und die Geschichte der Post haben mich freilich immer schon interessiert und fasziniert: Das ist ja auch Kultur, das ist Geschichte. Gleichzeitig waren die Briefmarken eben nur ein Mittel zum Zweck. Ich wusste aber schon von Anfang an ganz genau, dass ich auch noch andere Leute gewinnen muss, dass ich Spender und Unterstützer gewinnen muss, denn der Handel mit Briefmarken ist nun einmal nicht so profitabel wie die Erfindung von Dynamit, wie das Alfred Nobel gemacht hat. Deswegen kann ich natürlich mit dem Preisgeld des Nobelpreises nicht konkurrieren.

I.K.: Sie haben tatsächlich klein angefangen, weil es nicht geklappt hat, einen solchen Preis für Ökologie oder die Bekämpfung der Armut bei der Nobelstiftung anzusiedeln. Deswegen haben Sie diesen eigenen alternativen Nobelpreis gegründet und ihn beim ersten Mal in einem angemieteten Lokal verliehen. Das war in dem Sinne ein entschiedener, aber wenig glamouröser Beginn des Ganzen. Haben Sie sich damals vorstellen können, dass Ihr Preis jemals ein solches Renommee gewinnen könnte, wie das heute der Fall ist?

J.v.U.: Nein, wahrscheinlich nicht, denn mein ursprüngliches Ziel war ja gewesen, dass die Nobel-Stiftung mit der Zeit geht. Sie hatten einen neuen Preis eingeführt, nämlich den für Ökonomie, und ich dachte mir: Warum nicht auch einen für Ökologie? Das war mein ursprünglicher Vorschlag gewesen. Diese Stiftung bekommt natürlich viele Vorschläge und daher dachte ich mir: Wenn ich mein Geschäft verkaufe und mit dem Erlös eine Anfangsfinanzierung anbiete, dann kann ich zwar langfristig keinen Nobelpreis in der herkömmlichen Größenordnung finanzieren, aber vielleicht inspiriert das ja die Nobel-Stiftung, meinen Vorschlag doch ernst zu nehmen. Sie haben meinen Vorschlag tatsächlich ernst genommen und darüber diskutiert. Aber am Ende hat man gesagt: „Nein, wir wollen keine weiteren Nobelpreise mehr!" Inzwischen hatte ich aber sehr vielen Menschen davon erzählt und diese Menschen meinten zu mir: „Das ist eine tolle Idee. Mach das doch selbst!" Also habe ich dann in diesem gemieteten Lokal den ersten Alternativen Nobelpreis verliehen. Ich wusste aber genau, dass mein Geld in ungefähr fünf Jahren zu Ende sein wird und dass ich das langfristig nicht werde finanzieren können. Ich musste mich ja auch ernähren und die ganze Arbeit machen usw. Ich war dann aber doch sehr positiv überrascht, als uns das schwedische Parlament nach fünf Jahren eingeladen hat, den Preis dort zu verleihen. Und gleichzeitig …

I.K.: Das war auf jeden Fall ein Glücksfall, oder? Denn das hat das Ganze auf eine offizielle und angesehene Bühne gehoben.

J.v.U.: Genau. Der Abgeordneten Birgitta Hambraeus, die das erreicht hat, werde ich ewig dankbar sein. Und im selben Jahr kam dann auch die erste Großspende von einer Deutschen, die es mir ermöglicht hat, diesen Preis weiter auszubauen und mittelfristig die Finanzierung sicherzustellen. Diese Unterstützung brauchen wir aber bis heute, denn dieser Preis ist auf Spenden angewiesen. Ich habe auch immer gesagt: Ich habe diesen Preis auf einem Niveau aufgebaut, bei dem dann, wenn er sinnvoll ist, auch Unterstützung kommen wird. Und sie kommt ja nun auch. Das ist ja auch kein von-Uexküll-Preis, denn es kann jeder jeden für diesen Preis vorschlagen. Wir haben eine internationale Jury, die das dann prüft. Und das ist wirklich etwas Einmaliges, denn bei vielen Preisen wie z. B. auch beim Nobelpreis ist es so: Sie suchen sich auch das Gremium aus, das überhaupt einen Vorschlag machen darf. Bei uns hingegen kann jeder jeden – außer sich selbst – vorschlagen für diesen Preis. Wir bekommen diese Vorschläge wirklich aus der ganzen Welt. Wir untersuchen sie dann auf Richtigkeit und legen sie anschließend der internationalen Jury vor. Ich denke, das ist daher ein sehr demokratischer Preis.

I.K.: Wer gibt denn Geld? Wer spendet für diesen Preis? Sind das viele kleine Idealisten? Sind das Großunternehmen? Wer gibt Geld?

J.v.U.: Großunternehmen sind das nicht. Wir hatten einmal ein Großunternehmen, das uns ein Lokal für eine Konferenz zur Verfügung gestellt hat. Aber sonst ist es sehr selten, dass ein größeres Unternehmen etwas spendet. Normalerweise sind das Einzelpersonen, und dabei, wie man sagen muss, überwiegend Frauen, und darunter wiederum sind es überwiegend Frauen aus dem deutschsprachigen Raum. Damit meine ich Deutschland und die deutschsprachige Schweiz.

I.K.: Wie erklären Sie sich das?

J.v.U.: Ich glaube, das Wort „alternativ" hat hier ein besseres Image und die Suche nach Alternativen wird hier in Deutschland viel ernster genommen. In anderen Sprachräumen ist das immer noch schlecht zu vermitteln. Gut, ich bin ja hier aufgewachsen und wir machen hier in Deutschland auch viele von unseren Konferenzen. Aber ich selbst lebe seit vielen Jahren in Großbritannien, denn ich habe gemerkt: Wenn man international arbeitet, dann ist London als Weltstadt eine gute Basis. Aber es ist mir nicht gelungen, diesen Preis dort zu verankern – und das, obwohl ich gute Kontakte aufbauen konnte. Wir haben auch schon mal die Preisträger im britischen Unterhaus präsentieren lassen. Aber das Medienecho, das öffentliche Echo ist dabei minimal geblieben. Hier in Deutschland ist dieser Preis hingegen so bekannt, dass dann, wenn eine Frau zu ihren Freundinnen sagt, dass sie den Alternativen Nobelpreis finanziell unterstützt, diese Freundinnen eben nicht fragen: „Oh, was ist denn das?" Nein, hier in Deutschland weiß man einfach, was der Alternative Nobelpreis ist. Es liegt also an diesem Bekanntheitsgrad unseres Preises in Deutschland und an der Tatsache, dass diese Diskussion ernst genommen wird. Denn das sehe ich ja auch am Medienecho. Es gibt hier in Deutschland Leitartikel, die sagen, dass dieser Alternative Nobelpreis mehr im Sinne von Alfred Nobel sei als viele Nobelpreise. Ich sage auch immer, dass der Alternative Nobelpreis kein Anti-Nobelpreis ist. Natürlich, wenn wir den Brasilianer José Lutzenberger, den Gründer der Umweltschutzbewegung in Brasilien auszeichnen, dann ist es wirklich so: Es gibt sehr wohl zwar auch gute Nobelpreisträger, aber das, was José Lutzenberger macht, ist eigentlich noch mehr im Sinne von Alfred Nobel, nämlich diejenigen zu unterstützen, die den Menschen den größten Nutzen gebracht haben. Ich glaube, das alles hat dazu geführt, dass dieser Preis ein so großes Renommee hat in Deutschland. Ich wünschte, das wäre in der englischsprachigen Welt auch so, aber dort ist das Medienecho leider nur sporadisch vorhanden. Wir bekommen ab und zu mal Unterstützung, indem man einen kleinen Artikel über uns schreibt. In Frankreich, in Spanien ist ...

I.K.: Positiv gesprochen kann man sagen: Das ist noch ein Wachstumsmarkt.

J.v.U.: Ja, das ist noch ein Wachstumsmarkt, das stimmt.

I.K.: Sprechen wir konkret über die Projekte, die Sie auszeichnen. Das sind humanitäre, soziale, ökologische Projekte, die im Grunde genommen alle dieses Label verdienen: „Die Welt verbessern!" Aber wie ist das konkret definiert? Was genau zeichnet ein Projekt aus, das Ihren Preis erhält?

J.v.U.: Nun, ich habe damals natürlich die Lücke bei der Ökologie gesehen. Und mein zweiter Vorschlag an die Nobel-Stiftung war, dass es einen Preis für die Entwicklung der Menschheit geben sollte. Viele Preisträger, die wir auszeichnen, erfüllen daher bis heute diese Anforderung. Aber wir haben ja den Finger am Puls der Welt, weil wir eben nicht selbst die Kandidaten aussuchen, sondern Vorschläge aus der ganzen Welt bekommen: Da merkt man dann schon nach einiger Zeit, wo der Schuh drückt. Es gab daher in der Vergangenheit doch einige Überraschungen bei den Preisen. Sie wurden z. B. auf Gebieten vergeben, auf denen es auch die Nobelpreise gibt, z. B. in der Medizin. Der Medizin-Nobelpreis ist nämlich, wie man bald merkt, wenn man sich das genauer anschaut, sehr eng in der herkömmlichen, westlichen, modernen, orthodoxen Medizin verankert, d. h. andere Heilungstraditionen werden nicht berücksichtigt. Aber ohne die traditionelle Medizin wären wir heute alle gar nicht da. Noch überraschender ist vielleicht das Feld der Physik. Es gibt ja einen Nobelpreis für Physik, aber kein Solarenergieforscher hat je diesen Preis bekommen. Aus diesem Grund haben dann eben wir den erfolgreichsten Photovoltaikforscher der Welt mit unserem Preis ausgezeichnet. So ist dieser Preis immer mehr gewachsen – und wächst immer noch.

I.K.: Gibt es denn bei dieser ganzen Bandbreite von preisgekrönten Projekten ein Projekt, das Ihnen ganz besonders viel bedeutet, von dem Sie sagen können, dass es genau Ihr Herzensanliegen getroffen hat?

J.v.U.: Das ist sehr schwer zu sagen. Es gibt natürlich Preisträger, die als Personen, die also durch ihren persönlichen Mut, durch das, was sie alles riskiert haben, begeistern. Und es gibt andere Preisträger, bei denen einen mehr die Wirkung des Preises überrascht und erstaunt. Wenn z. B. ein Preisträger aus Paraguay sagt: „Jetzt bin ich in meinem Land unglaublich bekannt! Das ist sehr hilfreich." Der Ex-Diktator von Paraguay plante nämlich seine Rückkehr, aber aufgrund dieses Preises konnte unser Preisträger, ein Menschenrechtsanwalt, glaubhaft verkünden: „Wenn er seine Rückkehrpläne nicht aufgibt, werde ich dafür sorgen, dass er im Gefängnis landet." Dieser Ex-Diktator ist in der Tat nie zurückgekehrt.[1] Das sind natürlich schon Wirkungen, die überraschen.

I.K.: Ist so eine Wirkung vielleicht sogar noch wichtiger als das Geld, das mit diesem Preis einhergeht?

J.v.U.: Ja. Oft ist das Geld natürlich schon sehr, sehr wichtig, weil dieses Geld ja der unmittelbaren Arbeit dienen soll. Aber es ist nicht so genau zweckgebunden. Es gibt ja auch preisgekrönte Organisationen, die überhaupt kein Geld haben. Für die ist diese Summe natürlich eine riesengroße Hilfe. Es gibt andere Organisationen, die von irgendwoher irgendwelche Spendengelder bekommen. Dafür aber müssen sie Anträge schreiben und dürfen das Geld dann nur für genau diesen vorher festgelegten Zweck ausgeben. Aber es gibt immer wieder viele kleine Lücken, die da entstehen, und mit unserem Preisgeld kann eine Organisation eben diese Lücken schließen. Deswegen ist es manchmal sehr effektiv, dass unser Preis auch mit einem Preisgeld versehen ist. Aber die Wirkung, die Publizität des Preises ist schon auch sehr wichtig. Denn der Preis schützt die Preisträger ja auch. Diesen Preis hat z. B. auch mal eine Gruppe von kolumbianischen Bauern bekommen, weil sie ihre Region mitten im Bürgerkrieg befriedet

---

[1] Der Menschenrechtsaktivist Martín Almada aus Paraguay erhielt den Right Livelihood Award im Jahr 2002 „für seine außergewöhnliche Courage und seine ausdauernden Bemühungen, Folterer – insbesondere während der Militärdiktatur unter Alfredo Stroessner – vor Gericht zu stellen und die demokratische Entwicklung in seinem Heimatland zu fördern".

hatten. Sie sagten hinterher: „Wir sind ja nur arme Bauern. Als wir irgendein Anliegen hatten und in die Hauptstadt fuhren und versuchten, an den Minister heranzukommen, kamen wir nicht einmal am Pförtner vorbei. Aber seitdem wir diesen Preis bekommen haben, steht der Minister selbst an der Tür, um uns zu empfangen."[2] Diese Wirkung ist in der Tat manchmal wichtiger als das Geld.

I.K.: Hat das auch etwas mit einem Nord-Süd-Gefälle zu tun? Ist dieser Preis nicht überhaupt besonders angesehen in der südlichen Hemisphäre?

J.v.U.: Ja, gut. Es gibt aber schon auch Länder im Norden und auch in Osteuropa, in denen dieser Preis sehr wichtig gewesen ist. Die meisten internationalen Preise – und der Nobelpreis ist das zentrale Beispiel dafür – gehen überwiegend an Personen aus den Industriestaaten. Unser Preis ist zwar kein reiner Dritte-Welt-Preis, aber wir haben nicht diese kulturelle Zwangsjacke, die besagt, dass alles Belohnenswerte, alles Preiswerte aus den Industrieländern kommt. Das heißt natürlich, dass unser Preis eben als ein globaler Preis angesehen wird. Sicherlich wird er daher in den Ländern sehr begrüßt, aus denen die Preisträger kommen. Der erste Preisträger aus einem Land in Lateinamerika, aus einem Land in Afrika, das hat natürlich schon eine Wirkung. Wenn wir einen Mann aus dem Kongo auszeichnen, dann hat das eben eine Auswir-

---

[2] Die kolumbianische Organisation Asociación de Trabajadores Campesinos del Carare (ATCC) wurde 1990 mit dem RLA ausgezeichnet, „für Friedenseinsatz und Konfliktlösung". Bauern gründeten diese, um sich gegen kommunistische Guerillas in den 1960er bis 1980er Jahren zu schützen.

[3] René Ngongo aus dem Kongo erhielt 2009 den Right Livlihood Award „für seinen Mut, sich jenen Kräften entgegenzustellen, die die Regenwälder des Kongo zerstören, und für seine Bemühungen, politische Unterstützung für deren Bewahrung und nachhaltige Nutzung zu schaffen".

kung: Dieser Preisträger hatte riesengroße Schwierigkeiten, war bedroht worden wegen seiner Arbeit für die Rettung des Urwalds. Nachdem er diesen Preis bekommen hat, hat er nun die Handynummer vom Chefberater des Präsidenten und das Gefühl, dass sein Leben viel sicherer geworden ist.[3]

I.K.: Das ist natürlich ein ganz wichtiger Aspekt. – Sie selbst sind wegen dieses Preises viel gereist, haben sich überall auf der Welt Projekte angeschaut, um zu eruieren, ob sie preiswürdig sind oder nicht. Sie sind ja ein Mann, der sehr auf die Nachhaltigkeit und den Umweltschutz bedacht ist. Deswegen sind Sie sicherlich niemand, der einfach so reist. Stattdessen haben Sie ganz bestimmt auch immer Ihren CO_2-Fußabdruck im Blick. Wie reisen Sie denn, um umweltfreundlich zu reisen?

J.v.U.: Nun, ich habe kein Auto. Gut, wenn jemand auf dem Land lebt, ist das meistens nicht möglich, aber ich lebe in einer Vorstadt von London: Da kann man sehr gut ohne Auto auskommen. Ich komme mit öffentlichen Verkehrsmitteln überall gut hin. Wenn ich z. B. nach Deutschland oder in die Schweiz reise, dann fahre ich mit dem Zug. Aber natürlich kommt bei mir ein nicht geringer CO_2-Fußabdruck zustande. Es ist für mich immer eine Frage, ob ich zusage oder absage, wenn irgendwo eine Veranstaltung ist, von der ich weiß, dass ich dort meine Botschaft sehr gut an die Öffentlichkeit bringen kann. Wenn es heißt, dass man mich dort persönlich treffen möchte, dann muss man natürlich Kompromisse machen. Aber es gibt sicherlich mehr Einladungen, ich könnte sicherlich mehr Reisen machen, als ich tatsächlich mache. Trotzdem bleibt natürlich eine ganze Menge übrig, das ist klar.

I.K.: Sie haben in Ihrem Leben vermutlich viel im Flugzeug gesessen?

J.v.U.: Oft, ja. Das ist klar, denn das ist gar nicht zu vermeiden, wenn man einen weltweiten Preis schafft. Mit dem Weltzukunftsrat ist es ja erneut so: Da ist es klar, dass man reisen und daher auch fliegen muss. Letztlich ist das, wie gesagt, immer eine Abwägungssache. Ich glaube, diese Kurzflüge sollten wirklich gestoppt werden, indem man sie endlich viel teurer macht. Denn es ist doch absurd, dass man von London nach Brüssel und nach Paris fliegt, weil das billiger ist, als mit dem Zug zu fahren. So etwas halte ich für absolut unvertretbar und unakzeptabel. Aber wir werden sicherlich auch in Zukunft nicht mit dem Schiff nach Australien fahren, wenn man nach Australien reisen muss.

I.K.: Wenn man jedoch so ein Treffen durch eine Telefon- oder Videokonferenz ersetzen kann, dann würden Sie das immer bevorzugen, oder?

J.v.U.: Ja, auf jeden Fall, da ist die heutige Konferenztechnik schon sehr hilfreich.

I.K.: Herr von Uexküll, Sie bezeichnen sich als einen Possibilisten, also als einen Menschen, der die Möglichkeiten im Blick hat und auch an sie glaubt. Trotzdem, wenn man Ihr Buch mit dem Titel „Das sind wir unsern Kindern schuldig" liest, kann man doch das Gefühl bekommen, dass Sie zutiefst frustriert sind über die Zustände auf der Welt. Wie schaffen Sie es denn, angesichts der widrigen Umstände – die ja im Zweifel immer noch widriger werden – , dieses hoffnungsvolle, zukunftsgerichtete und positive Denken beizubehalten und weiterzutragen? Oder schaffen Sie das möglicherweise gar nicht mehr?

J.v.U.: Doch, das schaffe ich schon noch. Ich bin aber kein naiver Optimist, der sagt: „Ach, das wird doch alles gut!" Das glaube ich nicht, aber es hängt letztlich von jedem von uns ab. Ich bin jedenfalls ein Possibilist, d. h. ich habe die Hoffnung, dass es gelingen könnte. Man muss nicht nur sein Bestes geben, sondern man muss wirklich versuchen, das zu tun, was notwendig ist. Aber wenn ich mich hinsetzen und sagen würde, ich bin ein Pessimist, dann würde das ja überhaupt nichts helfen. Und das wäre ein Verrat an denen, die so viel mehr riskieren als ich. Ich glaube, das ist auch die Antwort auf Ihre Frage. Durch diesen Preis lerne ich Menschen kennen, die tagtäglich sehr viel mehr riskieren. Wenn diese Menschen nicht aufgeben, was hätte ich dann für einen Grund aufzugeben? Aber ich habe natürlich schon auch gesehen, dass diese persönlichen Beispiele, so wichtig sie auch sind, nicht ausreichend sind. Deswegen habe ich dann ja auch den Weltzukunftsrat gegründet: um zu sehen, was wir tatsächlich brauchen, damit wir umsteuern können. Es geht dabei nicht darum, alle Probleme der Welt zu lösen, sondern es geht darum, wenigstens eine Welt zu schaffen, in der die Lösungen wieder schneller wachsen als die Probleme.

I.K.: Diesen Weltzukunftsrat haben Sie 2007 gegründet. Er trägt den offiziellen Namen „World Future Council". Er soll ein Gremium sein, das ein Interessenvertreter ist für die künftigen Generationen. Trotzdem waren damals nicht alle begeistert von der Gründung dieses Rates und es hieß: „Wir brauchen nicht noch eine Institution und nicht noch ein Diskussionsforum, auf dem dann im Zweifelsfall nur palavert wird." Warum hat es aus Ihrer Sicht diesen Rat trotzdem so sehr gebraucht?

J.v.U.: Weil er eben kein Diskussionsforum ist. Natürlich diskutieren dort auch die Ratsmitglieder untereinander. Es war einfach wichtig, eine Stimme, eine Vertretung zu schaffen für die künftigen Generationen. Denn so etwas hatten interessanterweise bereits unsere Vorfahren in vielen Gebieten der Welt; im vorkolonialen Indien hieß das „Rat der Seher in die Zukunft". Bei den Ureinwohnern auf dem Gebiet der heutigen Vereinigten Staaten von Amerika gab es das Prinzip, dass alle tagespolitischen Beschlüsse des Stammesrates auf ihre Folgen für die nächsten sieben Generationen überprüft werden mussten. Auch in Westafrika hat es solche Traditionen gegeben und sicherlich auch bei unseren Vorfahren in Europa. Heute beeinflussen wir ja das Schicksal zukünftiger Generationen viel stärker als je zuvor: Das betrifft auch nicht irgendeine ferne Zukunft, sondern es geht dabei bereits um unsere Kinder und Enkel. Dennoch haben unsere Kinder und Enkel kein Sprachrohr, keine Vertretung. Idealerweise sollte diese Vertretung natürlich parlamentarisch verankert sein, sollte gewählt sein. Das ist ein Modell, das wir auch tatsächlich verfolgen, denn es gibt ja bereits ein paar Länder, die das schon haben: eine parlamentarische Ombudsperson für zukünftige Generationen. Ich habe gesagt, irgendwie müssen wir damit einfach mal anfangen: Wir müssen so ein Gremium schaffen. Mir ging es dabei um Folgendes: Ich habe gesehen, dass die Preisträger des Alternativen Nobelpreises, dass die sogenannten Best-Practice-Initiativen, also Individuen und Organisationen bzw. Unternehmen, die versuchen, unter diesen widrigen Rahmenbedingungen das Richtige zu tun, zwar unglaublich spannend und mutig und wichtig sind, dass das aber alles nicht schnell genug geht und dass wir diese Rahmenbedingungen ändern müssen. Wir müssen also die Gesetze ändern, die Regeln, die Institutionen.

I.K.: Damit sind wir beim Aufgabenbereich des Weltzukunftsrates. Wie geht dieser in seiner Arbeit genau vor?

J.v.U.: Martin Luther King hat einmal gesagt: „Gesetze bewegen nicht das Herz, aber sie behindern die Herzlosen!" Deswegen braucht man eben Gesetze, die die Herzlosen behindern, braucht man Gesetze, die Anreize schaffen. Die meisten Menschen halten sich ja ans Gesetz: Das heißt, ein Gesetz schafft den Anreiz für Märkte, für Gesellschaften und auch für die Forschung, denn man arbeitet nun einmal innerhalb der gesetzlichen Rahmenbedingungen. Heute gibt es ja eine weitverbreitete antipolitische Grundhaltung. Auch aus der Wirtschaft tönt es andauernd, weniger Staat sei besser. Da kann ich dann immer nur sagen: „Oh, dann investieren Sie am besten Ihr gesamtes Geld in Somalia, denn dort gibt es überhaupt keinen Staat." Wenn ich das sage, schauen die Vertreter der Wirtschaft natürlich immer etwas pikiert. Denn in Wirklichkeit investiert kein Mensch in einer Region, in der es keine staatlichen und internationalen Rahmenbedingungen gibt. Ich war ja auch für einige Jahre über eine offene Liste ins Europaparlament gewählt worden. Dort habe ich gesehen, wie die Politik funktioniert – und vor allem, wo sie nicht funktioniert. Eine Sache fand ich dabei besonders interessant. Es gibt ja viel Politikforschung, d. h. auf diesem Gebiet wird immens viel geforscht. Aber für policy-makers, für Parlamentarier ist das oft nicht relevant. Das heißt, hier gibt es ganz klar eine Lücke. Die Forschungseinrichtungen befinden sich ja meistens an Universitäten und die Forschungsergebnisse werden auch immer im universitären Rahmen veröffentlicht: Da geht es um Wissenschaft. Der Parlamentarier jedoch braucht jeweils ganz konkrete Informationen. Nehmen wir folgenden Fall: Ein Parlamentarier sagt zu einem konservativen Beamten oder einem Lobbyisten: „Ich will das erreichen." Er bekommt dann in der Regel die Antwort: „Das geht nicht!" Die beste Gegeninformation in diesem Fall ist natürlich immer: „Doch, das geht! Denn das gibt es in einem anderen Land bereits!" Das ist auch der Punkt, an dem der Weltzukunftsrat ansetzt: Er sammelt weltweit beste Gesetze, Regeln, Lösungen und institutionelle Ansätze und hilft dann, dieses Wissen zu verbreiten. Er berät Parlamentarier in verschiedenen Ländern, wie sie ein Gesetz aus einem anderen Land für ihr eigenes Land übernehmen können, wie sie es anpassen können. Nehmen wir als Beispiel Brasilien. Dort gibt es in der drittgrößten Stadt des Landes, nämlich in Belo Horizonte, ein regionales Gesetz zur Nahrungssicherheit. Dieses Gesetz garantiert jedem Einwohner dort mindestens eine gesunde Mahlzeit pro Tag. In der konkreten Ausführung sieht das so aus, dass das ein ganzes Bündel von Gesetzen ist. Man hat die örtliche Biolandwirtschaft im Umkreis der Stadt gefördert, sodass diese die von ihr produzierten Lebensmittel zu einem niedrigen Preis im Stadtzentrum verkaufen kann. Dieses Gesetz kostet die Stadt zwei Prozent ihres Budgets, es hat dafür aber auch die Kindersterblichkeit um 60 Prozent gesenkt. Ich glaube, das ist viel schneller und effektiver ...

I.K.: Das fanden Sie also vorbildlich. Was haben Sie dann mit diesem Beispiel gemacht?

J.v.U.: Genau. Wir sind ja eine kleine Organisation und haben daher leider nicht die Mittel, alles so schnell machen zu können, wie wir das gerne hätten. Das heißt, das dauert bei uns immer ein paar Jahre. Danach hatten wir endlich die Mittel, afrikanische Bürgermeister nach Belo Horizonte fliegen zu lassen, um dort zu erfahren, wie dieses Gesetz funktioniert. Diese Reise fand im letzten Jahr statt und in diesem Jahr nun findet das erste Hearing, die erste Tagung dazu in Namibia mit afrikanischen Parlamentariern und Bürgermeistern statt. Das ist so ein ganz konkretes Beispiel dafür, wie wir arbeiten.

Das haben wir auch auf dem Energiesektor so gemacht. Das EEG, also das deutsche Erneuerbare-Energien-Gesetz, bei dem es um die Einspeisevergütung von Strom aus erneuerbaren Energien ins Stromnetz geht, haben wir auf Englisch übersetzt, es heißt jetzt „feed in tariff": Mittels dieser Übersetzung haben wir versucht, es in einer Reihe von Ländern in die Diskussion einzubringen. Für afrikanische Länder, in denen es kein landesweites Stromnetz gibt, gibt es ein Modell aus Bangladesh, bei dem die Menschen ihre Solar Home Systems, also ihre eigenen Solarmodule vor dem Haus oder vor dem Dorf aufbauen. Finanziert wird das mit sogenannten Mikrokrediten. Dieses Modell helfen wir also, in Afrika zu verbreiten. Wir haben ein Netzwerk von Parlamentariern und Unternehmen in Afrika gegründet, um das zu verbreiten.

I.K.: Das ist ein gutes Stichwort, weil es uns zur Energieversorgung bringt. Damit wären wir dann auch mittendrin in der Klimapolitik. Die Klimapolitik ist Ihnen immer schon ganz besonders wichtig gewesen, weil man ja absehen kann, dass es gravierende Folgeprobleme gibt, wenn sich das Klima ändert. Gerade auf diesem Gebiet müssen wir aber in den letzten Jahren feststellen, dass die internationalen Konferenzen fast ergebnislos verlaufen sind: Da passiert nur sehr wenig – Ihnen sicherlich viel zu wenig. Inwiefern konnte denn hier Ihr Weltzukunftsrat eine Lücke schließen?

J.v.U.: Indem wir eben die besten Gesetze identifiziert und dabei geholfen haben, sie zu verbreiten. Mit größeren finanziellen Mitteln hätten wir das natürlich sehr viel schneller machen können, aber wir haben jedenfalls Hearings und Tagungen mit Parlamentariern auf allen Kontinenten abgehalten. Es gibt eine Reihe von Ländern, die jetzt durch unsere Informationen sogenannte *feed in tariff*, also Energieeinspeisungsgesetze eingeführt haben. Auch in Großbritannien haben wir 36 Abgeordnete der damaligen Regierungspartei, also der Labour Party, überzeugen können. Sie haben dann zusammen mit der Opposition die Regierung überstimmt und eine Zusatzklausel geschaffen, mit der dieses Gesetz auch in Großbritannien eingeführt worden ist. Unsere Argumentation – wir haben das dort praktisch mit nur einem Mitarbeiter erreicht – war, zu sagen: „Ihr habt das falsche Gesetz!" Und wenn uns gesagt wurde: „Beweist uns das!", dann haben wir gesagt: „Das können wir ganz einfach beweisen. Großbritannien hat als Insel sehr viel mehr Wind als Deutschland, aber Ihr habt nur einen Bruchteil der deutschen Windenergiekapazität. Also muss das wohl an der gesetzlichen Regelung liegen." Mit diesem Argument gelang es uns, dieses Gesetz dort einzuführen. Solche Erfolge haben hinterher natürlich immer viele Väter, aber in diesem Fall war es ganz interessant, dass mir der Energieminister vor zwei Jahren gesagt hat: „Wir wissen, dass es der Weltzukunftsrat war, der das britische Unterhaus zuerst über dieses Gesetz informiert hat."

I.K.: Aber wenn ich Sie richtig verstehe, ist nicht der Minister in erster Linie Ihr Ansprechpartner, sondern Sie gehen den Weg über die Parlamentarier und Fachpolitiker und Ausschüsse und versuchen, dort zuerst einmal ein Bewusstsein zu entwickeln, indem Sie über positive Beispiele und Gesetze aus anderen Ländern berichten.

J.v.U.: Ja, viele Parlamentarier auf der Welt fühlen sich irgendwie unterschätzt und würden gerne mehr tun. Aber sie haben oft nicht die Ressourcen, das Wissen, die Kapazitäten, weil eben die Politikforschung, die betrieben wird, ihnen zu akademisch ist. Die Information darüber, wo es irgendwo auf der

Welt bereits ein gutes Gesetz auf einem bestimmten Gebiet gibt und wie das funktioniert, ist daher für sie eine sehr wertvolle Information. Wir haben ja sogar einen Preis geschaffen deswegen. Das ist ein geldfreier Preis und es gibt „nur" eine schöne Glasskulptur, aber das ist der erste internationale Preis für ein Gesetz – und nicht für eine Person oder eine Organisation. Seit 2009 identifizieren wir jedes Jahr zu einem anderen Thema weltweit das beste Gesetz und prämieren es mit diesem Preis: Das ist der Future Policy Award. Das erste Gesetz, das diesen Preis bekommen hat, war das bereits erwähnte Nahrungssicherungsgesetz in Belo Horizonte in Brasilien, denn es können selbstverständlich nationale und regionale Gesetze prämiert werden. 2010 kam dann die Einladung von der UNO, denn man war dort ganz begeistert von dieser Idee. Seitdem wird dieser Preis in enger Zusammenarbeit mit der UNO und in den Räumen der UNO verliehen. Der nächste Preis ging an ein Gesetz zur Artenvielfalt, also zur Biodiversität: Hier haben wir ein Gesetz aus Costa Rica aus dem Jahr 1998 ausgezeichnet. Costa Rica hat wirklich das beste Gesetz, das wir finden konnten, zum Schutz der Artenvielfalt. 2011 ging es um den Schutz der Wälder: Da haben wir ein Gesetz aus Ruanda in Afrika prämiert. 2012 ging es um den Schutz der Meere und Küsten: Hier bekam ein Gesetz der pazifischen Inselrepublik Palau den ersten Preis. 2013 ging es um Abrüstung und 2014 um das beste Gesetz zum Schutz von Frauen und Mädchen gegen Gewalt. Diese Auszeichnung wurde in Genf verliehen, weil wir auch mit der Interparlamentarischen Union eine sehr gute und enge Zusammenarbeit etabliert haben: Das ist eine Vereinigung von praktisch allen Parlamenten der Welt und repräsentiert wirklich das komplette politische Spektrum, das es gibt.

I.K.: Wie muss man sich das beim Weltzukunftsrat eigentlich genau vorstellen, der ja Interessen vertritt, wenn auch „nur" diejenigen der zukünftigen Generationen? Er ist ja genau an dieser Schnittstelle zur Politik tätig: Letzten Endes wird also wahrscheinlich auch der Weltzukunftsrat irgendeine Art von Lobbyarbeit betreiben. Wie sieht diese aus und wie unterscheidet sie sich von der traditionellen, der herkömmlichen Lobbyarbeit?

J.v.U.: Das ist eine gute Frage. Bei der Lobbyarbeit hat man ja die Vorstellung, dass man versucht, die Parlamentarier zu überzeugen. Wir haben jedoch die gegensätzliche Erfahrung gemacht, denn die Parlamentarier kommen zu uns und sagen: „Wir wollen diese Information! Bitte helft uns!" Die japanische Regierung ruft bei uns an und sagt: „Wir wollen, dass die neue Energiegesetzgebung, die wir jetzt einführen, so gut wie möglich ist. Bitte schicken Sie uns jemand, der uns beraten kann." Und nur kurze Zeit später wurden wir von einem anderen asiatischen Land kontaktiert. Das heißt, wir – und das ist meiner Meinung nach das Wichtige beim Weltzukunftsrat – schließen eine Lücke bzw. mehrere Lücken. Wir kommen nicht an und sagen den Parlamentariern: „Hier, das ist unsere Idee, das ist die Idee von unseren Ratsmitgliedern!" Nein, wir gehen folgendermaßen vor: Wir identifizieren weltweit die Gesetze, die es zu einem bestimmten Politikfeld gibt. Anschließend werden diese Gesetze nach Kriterien überprüft, die von der International Law Association entworfen wurden. Das sind Kriterien für eine nachhaltige Gesetzgebung. Diese Kriterien wurden damals im Jahr 2002 von den Staaten der Welt bei ihrem Gipfel in Johannesburg angenommen. Das heißt, wir bauen auf das auf, was die internationale Gemeinschaft bereits beschlossen hat – aber eben immer noch nicht umgesetzt hat. Das ist nämlich das Hauptproblem. Das heißt, es gibt Themen, bei denen sich wirklich alle einig sind, von rechts bis links. Ein solches Thema ist, dass Subventionen auf fossile Brennstoffe, also auf Benzin, Kohle usw., abgeschafft werden müssen. Aber dies in die Praxis umzusetzen, ist unglaublich schwierig, weil diese Subventionen inzwischen riesengroß sind. Wenn man z. B. alle Firmen mit einem Schlag zwingen würde, ihre Produktionskosten voll zu übernehmen, sie also nicht mehr externalisieren, also abwälzen zu können auf die Umwelt und auf die Zukunft, dann wären die meisten dieser Firmen sofort bankrott. Wenn man morgen die Subventionen auf fossile Brennstoffe streicht, dann würde in vielen Ländern übermorgen eine Revolution ausbrechen. Als man das in Jordanien versucht hat, sagten z. B. die Taxifahrer: „Unser Einkommen ist um zwei Drittel gesunken!" Das heißt, hier muss man integrierte Lösungsansätze finden, man muss also nicht nur ein Gesetz erlassen, sondern ein ganzes Gesetzespaket, um vor allem den armen Menschen in diesen Ländern zu helfen, damit sie diese Energiewende überbrücken können. Denn wir brauchen ja diese Wende unbedingt: Wir können so nicht mehr weitermachen, denn wenn das Klima zerstört ist, dann gibt es keinen Wohlstand, keinen Markt, keinen Frieden, dann gibt es gar nichts mehr. Aber andererseits können wir das natürlich nicht mit der Brechstange von heute auf morgen machen.

I.K.: An welchem Punkt haben Sie denn die deutsche Regierung zuletzt beraten bzw. sind Sie konsultiert worden?

J.v.U.: Die deutsche Bundesregierung hilft uns bei einem sehr spannenden Projekt. Ich erwähnte ja bereits, dass die künftigen Generationen irgendwann eine eigene Vertretung brauchen. Wir arbeiten jetzt seit ein paar Jahren daran, dass bei der

UNO eine solche Vertretung geschaffen wird: Es soll ein Hoher Kommissar für zukünftige Generationen ernannt werden. Das stand schon 2012 in Rio auf der Tagesordnung und wurde dann aber von ein paar Staaten blockiert, denn es ist heutzutage furchtbar schwierig, für solche Dinge einen Konsens zu bekommen. Denn wenn die und die Länder für etwas sind, dann sind andere Länder automatisch dagegen. Die Bundesregierung ist aber ein Land, das uns hier von Anfang an sehr stark geholfen und beraten hat, weil sie das ebenfalls für eine gute Idee hält. Dieser Vorschlag wurde also in Rio leider nicht angenommen, aber der UN-Generalsekretär wurde aufgefordert zu sehen, wie zukünftige Generationen im UN-System vertreten sein können. Dessen Studie kam dann zu dem Schluss, dass unser Vorschlag eines High Commissioner der beste sei. Es gibt nun noch ein Gremium, dass das jetzt beschließen muss, wo wir aber ebenfalls die Unterstützung der Bundesregierung haben. Und wenn es dort durchgeht, dann kommt das hoffentlich in die Generalversammlung: Dort kann es dann mit Mehrheit beschlossen werden. Wir hoffen sehr, dass bald eine solche Institution geschaffen wird.

I.K.: Herr von Uexküll, wo sind wir denn, mal ganz pauschal gesagt, in unserer Menschheitsgeschichte falsch abgebogen, dass wir heute diese Probleme haben?

J.v.U.: Das ist eine sehr gute Frage. Es gibt z. B. einen Ökologen, der meint, dass wir bereits falsch abgebogen sind, als die Jäger und Sammler sesshaft geworden sind. Ich jedoch bin der Meinung, dass das viel, viel später geschehen ist. Bis in die 50er und 60er Jahre des 20. Jahrhunderts hatten wir noch eine gewisse Balance. Aber das Problem war, dass es damals eine riesige Überproduktionskapazität gab: Es wurden keine Waren mehr für den Krieg produziert und im Krieg zerstört, aber man wollte die Menschen dennoch irgendwie beschäftigen. Also hat man diese Massenkonsumgesellschaft geschaffen, die sich dann weltweit verbreitet hat. Den Grenzen des ökonomischen Wachstums entkommt man eben scheinbar, wenn man andere Länder in diesen Massenkonsum mit hineinzieht. Und nun ist man zum Gefangenen dieses Systems geworden. In Japan ist es heute so, dass sich die Jugend von diesem System abwendet. Früher war sie sehr konsumfreudig, heute jedoch sagen viele: „Wir haben genug!" Sie weichen diesem Druck, zu konsumieren, mehr und mehr aus. Auch in den USA ist der berühmte „amerikanische Traum" gar nicht mehr finanzierbar: Viele sind inzwischen enorm überschuldet. Man hätte also eigentlich schon längst fragen sollen: Wann ist es genug? Dieses Fehlen des „es ist genug" ist das Problem. Die Politiker hören auf Ökonomen, die in einer totalen Fantasiewelt leben. Nehmen Sie als Beispiel den Klimawandel. Bekannte angelsächsische Ökonomen, die unsere Regierungen beraten, sagen: „In den reichen Industrieländern wird der Klimawandel lediglich die Landwirtschaft ernsthaft betreffen. Aber die Landwirtschaft in den USA macht ja nur drei Prozent des Bruttosozialprodukts aus. Das heißt, selbst dann, wenn sie um 50 Prozent einbricht, kann man diese eineinhalb Prozent Wachstum woanders wettmachen." Wenn man nur genügend Smartphones produziert, ist es also egal, wenn die Lebensmittelproduktion einbricht. Das Problem ist also, dass unsere Politik Gefangene einer kleinen Kaste von Ökonomen ist, die tatsächlich glauben, dass man Geld essen kann. Dieses Denken hat sich in den letzten Jahrzehnten derart stark verankert, dass ein Umdenken nun sehr schwierig ist. Aber dieses Umdenken muss in den nächsten Jahren kommen. Alle schauen heute ja auf China und sagen: „Was nützt es, wenn wir hier in Europa eine gute Klimapolitik betreiben, wenn sich die Chinesen nicht ändern?" Ich weiß aber – auch durch persönliche Kontakte –, dass sich die chinesische Regierung dessen sehr wohl bewusst ist. Wir haben daher ein Büro in Peking. Da geht es in erster Linie um nachhaltige Stadtentwicklung, weil in China mehr und mehr Menschen in Städten leben. Ich habe also sehr wohl die Hoffnung, dass wir da in den nächsten Jahren umsteuern können. Obwohl das sehr schwierig ist, denn in den letzten Jahrzehnten sind wir so sehr in die falsche Richtung gegangen, dass es heute unglaublich starke Interessengruppen gibt, die diesen Weg beibehalten wollen.

I.K.: Sie sind ein hoffnungsvoller Mensch, das haben Sie soeben von sich selbst gesagt. Sie tragen aber auch eine ganz interessante Ambivalenz in sich, denn es heißt, Sie seien milde in Ihren Methoden, aber unerbittlich in der Durchsetzung Ihrer Ziele. Ein anderer hat über Sie gesagt, Sie seien sanftmütig im Auftreten – das kann ich nur bestätigen –, aber auch ein Mann mit eiserner Ausdauer. Sind Sie das?

J.v.U.: Das Erste ist ja mehr oder weniger ein Zitat von mir selbst, denn ich habe mal gesagt: Man muss sanft zu den Menschen sein. Das ist etwas, was ich schon sehr früh lernen musste, denn der Alternative Nobelpreis kann ja deswegen nur im schwedischen Parlament verliehen werden, weil wir zwar nicht die Unterstützung aller Parteien dort haben, aber auch von keiner Partei blockiert werden. Das heißt, alle politischen Parteien quer durch das gesamte politische Spektrum akzeptieren, dass in diesem Parlament ein Preis verliehen wird, der von einer auswärtigen Jury bestimmt wird. Das heißt, wir mussten uns überlegen, wie wir hier eine Wertegemeinschaft über alle Parteigrenzen hinweg schaffen können. Ich habe dabei gelernt, dass man die allermeisten Menschen irgendwie überzeugen kann, wenn man einen Draht zu ihnen findet. Gleichzeitig muss man jedoch hart in der Sache selbst sein, das ist ganz klar. In den letzten 40 Jahren hat die Menschheit unglaublich viele Kompromisse gemacht. Es wurde vor allem ein Kompromiss zwischen Worten und Taten geschlossen: Es gibt unglaublich viele gute Ziele, aber wenn es um die Umsetzung geht, dann ist man oft nicht über den ersten Schritt hinausgekommen. Deswegen muss man hier wirklich ganz hart sagen: So geht es nicht weiter!

I.K.: „Hart in der Sache" passt zu der Aussage, die Sie über sich selbst gemacht haben, dass Sie nämlich eigentlich ein „Fundi" sind, was den Standpunkt der Analyse …

J.v.U.: … aber ein Realo in Bezug auf die Umsetzung. Ich habe gesagt, dass man von der Analyse her ein Fundi sein muss, denn wir sind ja wirklich auf einem absolut falschen Weg. Nehmen Sie nur einmal den Zustand der Meere: Was wir diesbezüglich schon vor 30, 40 Jahren gewusst haben, hat man belächelt, auch der Bericht des Club of Rome wurde belächelt. Die Wissenschaftler des Club of Rome waren selbstverständlich keine Hellseher, aber sehr viel von dem, was sie vorausgesehen haben, ist eingetreten.

I.K.: Wie z. B. das Ende des Wachstums.

J.v.U.: Vieles ist sogar noch schneller eingetreten, als vorausgesagt. Die Erosion von Ackerland ist z. B. viel schneller fortgeschritten, als das der Club of Rome in seinen Szenarien vorausgesehen hat. Aber wenn es um die Umsetzung geht, bin ich ein Realo. Jeder Schritt in die richtige Richtung hilft – solange das wirklich ein Schritt in die richtige Richtung ist. Bei den Grünen war das aber sehr mühsam, denn da musste man immer entweder Fundi oder Realo sein. Ich war aber nicht entweder – oder.

I.K.: Welche der Themen, die Sie umtreiben und bei denen Sie etwas bewegen wollen, haben bei Ihnen zu Hause am Esstisch in den Diskussionen mit Ihren Kindern in den letzten Jahren und Jahrzehnten für den größten Streit gesorgt? Worüber gab es die härtesten Diskussionen?

J.v.U.: Wir haben eigentlich keine sehr großen Streitpunkte – außer dass ich mich nicht genug für Fußball interessiere, wie zumindest mein ältester Sohn meint.

I.K.: Das sei verziehen.

J.v.U.: Für mich besteht das Hauptproblem darin, dass der Tag nur 24 Stunden hat und noch niemand einen längeren Tag erfunden hat. Denn es gibt so viel, was mich interessiert, wozu ich aber nicht komme. Die Zerstörung der natürlichen Umwelt ist aber das Hauptproblem, das ist so. Das sehen auch die ...

I.K.: Waren es letztlich Ihre Kinder, die Ihren Blick dafür geschärft haben?

J.v.U.: Ich hatte diesen Blick schon selbst, aber wenn man Kinder hat, dann macht das die Sache noch konkreter. Man muss sich aber auch gelegentlich überlegen, nicht zu pessimistische Aussagen zu machen. Das habe ich noch während des Kalten Krieges schon bei den Söhnen meiner Schwester, die älter als meine eigenen Kinder sind, erlebt. Damals hat mein Vater solche Aussagen gemacht wie: „Mit diesen Abrüstungsverhandlungen wird es wohl nichts werden." Meine Schwester sagte daraufhin zu ihm: „Sag das bitte nicht vor meinen Söhnen." Ihre Söhne waren damals 9, 10, 11 Jahre alt. Das merke ich auch bis heute: Kinder in diesem Alter brauchen Optimismus. Wir haben beim Weltzukunftsrat in den ersten Jahren auch eine Kinderversammlung gemacht, als wir uns noch hier in Hamburg getroffen haben. Das waren 10- bis

19-jährige Kinder bzw. Jugendliche. Für die 10- bis 14-Jährigen ist die Zerstörung der Artenvielfalt das Hauptthema. Als wir sie zum japanischen Botschafter mitgenommen haben, hat der Berater des Botschafters im Vorfeld gefragt, ob diese Kinder denn auch höflich seien. Ich habe ihm gesagt, dass das sogar sehr höfliche Kinder seien. Aber als die Kinder dann reinkamen, hat ein 10-jähriger Junge den Botschafter sofort gefragt: „Warum töten Sie in Japan so viele Wale?" Die Sorge darüber, dass Arten unwiederbringlich aussterben, macht, wie ich merke, sehr vielen Kindern in diesem Alter zu schaffen. Die 15- bis 19-Jährigen hatten hingegen Fragen zum Konsum. Denn das fängt ja schon sehr früh an, dieser Druck, konsumieren zu müssen. Wir leben heute ja in Gesellschaften, in denen schon Kinder das Gefühl haben: Wenn du nicht konsumierst, dann zerstörst du unsere Wirtschaft. Das Konsumieren ist zu einer Art Bürgerpflicht geworden.

I.K.: Sprechen wir doch noch kurz über Ihren eigenen Konsum. Sie haben vorhin schon gesagt, dass Sie kein Auto besitzen. Wahrscheinlich sind Sie ein Mann, der wenig Fleisch isst, der sich genau überlegt, ob seine private Altersvorsorge wirklich über Aktienfonds laufen darf usw.?

J.v.U.: Ich habe keine private Altersvorsorge, ich habe eben noch ein paar Briefmarken. Ich habe aber auch schon vor Jahren geahnt, dass das mit der Finanzwirtschaft so nicht klappen kann. Ich dachte sogar, dass das Ganze noch sehr viel schneller bergab geht. Das Problem ist, dass es schwer genug sein wird, die nächste Finanzkrise, die auf jeden Fall kommen wird, zu überwinden. Aber darunter verbirgt sich ja die permanente ökologische Krise. Wenn das billige Öl zu Ende ist, dann werden auch viele Aktien- und Rentenfonds in sich zusammenfallen, denn sie basieren ja alle auf der Erwartung künftiger Kapitalgewinne. Die Kapitalgewinne wiederum basieren auf einer ökologisch stabilen Welt: Ohne eine solche Welt kann es kein Wirtschaftswachstum geben, wird es überhaupt nichts geben. Zu meinem persönlichen Konsum kann ich sagen, dass ich in der Tat nur sehr wenig Fleisch esse. Ich bin aber kein dogmatischer Vegetarier. Ich habe jedenfalls das Gefühl, dass Besitz anzusammeln und dann verwalten zu müssen, etwas ist, was ich nicht will. Warum? Weil auch das Zeit in Anspruch nimmt. Diese Zeit habe ich einfach nicht. Das einfache Leben, das ich führe, rührt nicht daher, dass ich eines Tages beschlossen hätte, Asket zu sein, nein, das hat schlicht mit der Frage zu tun: Womit verbringe ich meine Zeit am liebsten? Mit dem Ansammeln von Besitztümern, die einen irgendwann selbst besitzen? Oder ist es nicht besser, das zu machen, was ich seit Jahren mache? Es gibt ja nach dieser Studie des Club of Rome über die Grenzen des Wachstums eine weitere Studie, die den Titel trug: „No Limits to Learning". Denn die Zahl der Sprachen, die man lernen kann, die Zahl der Musikinstrumente, die man zu spielen lernen kann, ist wirklich unbegrenzt. Wenn ich mehr Zeit hätte, dann würde ich niemals mehr arbeiten, um mir etwas kaufen zu können. Nein, ich würde viel lieber noch eine Sprache lernen.

I.K.: Wir haben jetzt nicht mehr viel Zeit in dieser Sendung, daher meine letzte Frage: Was soll die Nachwelt über Jakob von Uexküll und seine Arbeit sagen? Das war doch der, der ...

J.v.U.: Diese Frage habe ich mir noch nie gestellt. Ich glaube, die Menschen sollen lediglich sehen, dass ich versucht habe, Weichen zu stellen. Ich sage immer, ich sehe mich als Katalysator und eben als Possibilist. Es geht mir darum, den Menschen Hoffnung zu geben. Dabei geht es mir aber nicht um die Nachwelt oder um irgendeinen Nachruhm. Da geht es mir vielmehr um die Menschen von heute. Ich hatte da mal ein ganz bestimmtes Erlebnis mit einem jungen Menschen aus Indien. Viele Leute glauben ja, Indien sei ein optimistisch gestimmtes Zukunftsland. Dieser junge Mann hat mir jedoch geschrieben, dass er unglaublich viele Altersgenossinnen und -genossen habe, die unglaublich deprimiert seien über die Zukunft, dass er jetzt jedoch das World Future Council entdeckt habe. Er schrieb weiter: „Ich habe seitdem in meiner Tasche immer etliche kleine Zettelchen mit der Adresse eurer Website. Diese Zettelchen gebe ich meinen Freunden und Bekannten und sage zu ihnen, sie sollen, bevor sie in Pessimismus versinken, schauen, was es alles gibt auf der Welt, was Mut macht."

I.K.: Und das ist Ihr ganz persönlicher Erfolg! Ich darf mich bei Ihnen ganz herzlich dafür bedanken, dass Sie bei uns waren. Vielen Dank für dieses Gespräch.

J.v.U.: Bitte sehr, ich habe zu danken.

Ernst Ulrich von Weizäcker, Auma Obama, Alexandra Wandel, Jakob von Uexküll, Markus Linhart, Bürgermeister von Bregenz, World Future Forum, Bregenz im März 2017

10 Jahre World Future Council: 2017 tagte das hochkarätig besetzte Gremium des World Future Forums im Festspielhaus Bregenz.

Ausblick

Wir leben heute in besonders schwierigen Zeiten, und die Zukunft wird zunehmend ungewisser. Das bedeutet, dass wir uns der unbequemen Wahrheit stellen müssen, sicher Geglaubtes aufzugeben und harte Maßnahmen zu ergreifen. Dass viele es vorziehen, diese Tatsache zu ignorieren, und sich stattdessen in eine Welt der einfachen Lösungen aus der Vergangenheit flüchten, ist verständlich. Wenn wir uns die Geschichte Europas in den Monaten vor dem Ausbruch der beiden Weltkriege noch einmal vor Augen führen, sehen wir, dass diejenigen, die die kommende Katastrophe vorhergesagt hatten, nicht nur ausgelacht – „Das behaupten Sie schon seit Jahren!" – sondern weitestgehend von den Medien und auch von den Märkten ignoriert wurden, die ja im Allgemeinen als gute Indikatoren für zukünftige Entwicklungen gelten.

Momentan befindet sich die Wissenschaftsgemeinde angesichts der sich beschleunigenden Folgen des Klimawandels und des Verlustes der Biodiversität in einem Zustand kaum unterdrückter Panik. Die Medien hingegen ziehen es vor, uns zu unterhalten. In den seltenen Momenten, wenn sie über den wirklichen Zustand unserer Umwelt berichten, fügen sie vorsorglich – wie kürzlich die London Times – für die Leser, die vielleicht die Wahrheit nicht verkraften können, die Nummern von Telefonseelsorgern bei ...

Die Schlüsselfrage lautet: Ist es möglich, den Kurs zu ändern, bevor das Klimachaos unseren Wohlstand, unsere Sicherheit und unsere Zivilisation zerstört? Noch nie stand so viel auf dem Spiel, der mögliche Verlust eines bewohnbaren Planeten eingeschlossen, das heißt, dass allen zukünftigen Generationen das Recht auf Leben genommen wird und unseren Vorfahren der Sinn und Zweck des ihrigen! Es ist die größte Herausforderung, der sich die Menschheit je stellen musste und ein Vermächtnis für Jahrtausende.

Prognostizierte bedrohliche Entwicklungen treffen zunehmend schneller ein. Was erst in Jahrhunderten erwartet wurde, passiert jetzt, wie das Schmelzen des Grönlandeises oder das plötzliche Verschwinden des zweitgrößten Sees Boliviens.

Als die Stadt Lancaster in Großbritannien überflutet wurde, fielen auch der Mobilfunk, die elektronischen Kassensysteme, die Aufzüge und die Zapfsäulen der Tankstellen aus. Moderne Technologien erfordern eine sichere und dauerhafte Energieversorgung. In der ganzen Debatte um Big Data und Smart Data gibt es bisher keinen einzigen Beitrag zur nachhaltigen Entwicklung. Wir können uns aber weder gegen den Zusammenbruch unserer Umwelt versichern, noch mit schmelzenden Gletschern, sich ausbreitenden Wüstengebieten oder den Naturgesetzen verhandeln. Die Zeit der Verschwendung ist vorbei. Und die Kosten, den bisher aufgelaufenen Schuldenberg gegenüber der Natur abzubauen, sind immens.

Glücklicherweise existieren viele Lösungen bereits – und das ist die Mission und die Arbeit des World Future Council: solche „Best Policies" zu identifizieren und zu verbreiten.

Einige Schlüsselelemente des Übergangs sind:
- Politische Systeme ohne Einflussnahme privater Geldinteressen, die auch die Interessen der künftigen Generationen repräsentieren
- Bildungssysteme als Garanten für Umweltkompetenz
- Rechnungswesen, das natürliches und soziales Kapital berücksichtigt
- Rechtssysteme auf der Basis von Gerechtigkeit zwischen den Generationen

- Sicherheitspolitik, deren Priorität auf die größten globalen Bedrohungen ausgerichtet ist, z. B. die Sicherung unserer Nahrung, unseres Wassers und unserer Umwelt
- Energiesysteme, die für Klimastabilität und Klimagerechtigkeit sorgen
- Politische Systeme („Ökokratien"), die den Erhalt der Umwelt und der Biodiversität sicherstellen sowie die gerechte Verteilung der Güter
- Finanz- und Steuersysteme, die die Erhaltung und das Wachstum von Human- und Umweltkapital finanzieren
- Volkswirtschaften und Unternehmen, die auf Kreislauf, Regeneration und die vollständige Internalisierung der Produktionskosten ausgerichtet sind

Zu den *Best Policies* gehören zum Beispiel das deutsche Erneuerbare-Energien-Gesetz, welches der Weltzukunftsrat in Großbritannien, Japan und Südafrika etablieren konnte, wie auch das regionale Gesetz zur Ernährungssicherheit von Belo Horizonte und Brasilien in den Städten Namibias.

Er hat außerdem das argentinische Programm zur Rückgabe und Vernichtung von Schusswaffen nach Bosnien und Serbien gebracht, die Standards des obligatorischen Umwelterziehungsprogramms aus Maryland (USA) nach Europa; die Solarenergie-Mikrofinanzierungsinitiative aus Bangladesch nach Tansania; die vorbildliche nationale Forstpolitik Ruandas und das innovative Kinderrechtsgesetz von Sansibar aus dem Jahr 2011 in andere afrikanische Länder.

Der WFC hat die weltweit erste internationale Auszeichnung für solche vorbildlichen Gesetze geschaffen: den Future Policy Award. Gesetze, die wie Martin Luther sagte, nicht die Herzen bewegen, aber die Herzlosen behindern, arbeiten schnell und geben uns Sicherheit. Das ‚Recht auf Nahrung'-Gesetz von Belo Horizonte hat die Kindersterblichkeit um 60 % reduziert und kostete nur 2 % des Stadtbudgets. Wir identifizieren Gesetze, die sich erfolgreich bewährt haben, und helfen politischen Entscheidungsträgern, diese zu adaptieren und in ihren Ländern einzuführen.

Dass es möglich ist, Änderungen sehr schnell umzusetzen, hat die jüngste Finanzkrise gezeigt. Die Zentralbanken brachen langjährige Tabus und schufen innerhalb weniger Wochen die Billionen, die zur Stabilisierung des globalen Finanzsystems erforderlich waren.

Und die meisten Gesetze, die im Rahmen des New Deal von Präsident Roosevelt eingeführt wurden, um die wirtschaftliche Depression der 1930er Jahre zu überwinden, wurden in den ersten 100 Tagen seiner Präsidentschaft verabschiedet.

Die globale Klima-Kriegswirtschaft erfordert ein neues System von Anreizen. Produzenten müssen in Qualität und Haltbarkeit ihrer Güter investieren. Recht muss mit Verantwortlichkeit gepaart sein. Westlichen Konsum global anzustreben, ist schon von den Ressourcen her unmöglich und stellt daher auch kein „Menschenrecht" dar.

Zum Schutz des Klimas müssen Steuern auf fossile Brennstoffe und andere Ressourcen deren Nachfrage drosseln. Um Konflikte zu vermeiden, müssen knapper werdende Güter gerecht verteilt werden.

Unser Aufbruch kann mit der moralischen Revolution verglichen werden, die die Sklaverei beendet hat. Ein Drittel der Menschheit war dereinst versklavt. Die ökonomischen Kosten zur Beendigung der Sklaverei waren enorm. Doch dies wurde in wenigen Jahrzehnten erreicht. Sklaven waren ihrer Freiheit beraubt worden, um das Leben der Sklavenbesitzer bequemer zu machen. Heute berauben wir künftige Generationen ihrer Freiheit, einen gesunden Planeten genießen zu können, nur damit wir ein wenig länger komfortabel leben können.

Keine Regierung hat es bis jetzt gewagt, ihren Wählern zu sagen, dass ihr Lebensstil sich an die Grenzen des Planeten wird anpassen und knappe Ressourcen geteilt werden müssen.

Aber die *Nachhaltigen Entwicklungsziele* der UN sehen das Wachstum des Bruttoinlandsprodukts weiterhin als die einzige Möglichkeit, Armut zu beseitigen, anstatt zum Beispiel das Kerala-Entwicklungsmodell in Indien als Beispiel zu nehmen, das aufgrund einer großen Mobilisierung der Bevölkerung alle großen Indikatoren für Lebensqualität erheblich verbessert hat, obwohl das Bruttoinlandsprodukt weitgehend stagniert.

Ziel Nr. 8 fordert „anhaltendes, einschließendes und nachhaltiges Wachstum ... für alle" – auch für die Reichsten.

Angesichts der Korrelation zwischen dem Wachstum des Bruttoinlandsprodukts und dem Einkommenszuwachs der Ärmsten würde es über 200 Jahre dauern, um mit dieser Strategie Armut zu beseitigen, und die Weltwirtschaft müsste auf das über 100-fache ihrer derzeitigen Größe wachsen – eine offensichtliche Unmöglichkeit.

Aber diejenigen, die ihre Privilegien behalten wollen, geben offenbar nicht so leicht auf.

Wir haben jedoch mächtige Verbündete:
- Unser lebendiger Planet, der sich noch erholen kann, wenn wir den Kurs ändern, bevor irreversible Wendepunkte erreicht werden
- Die Jugend der Welt, die zunehmend die leeren Versprechungen des aktuellen globalen Narrativs durchschaut
- Die Schutzlosen, die erkennen, dass die derzeitige Weltordnung, die sich damit brüstet, kein Limit zu kennen, definitiv keinen Boden hat

- Unsere Vorfahren, die sich auf uns verlassen, dass ihre Errungenschaften nicht verloren gehen
- Kommende Generationen, deren Leben von unserem Erfolg abhängt, da wir es sind, die die historisch beispiellose Macht haben, zu entscheiden, ob und wie sie leben werden!

Große Veränderungen gingen immer von einer Gruppe von aktiven Menschen aus, die sich weigerten, den Status quo zu akzeptieren. „Zweifle nie daran, dass eine kleine Gruppe engagierter Menschen die Welt verändern kann – tatsächlich ist dies die einzige Art und Weise, in der die Welt jemals verändert wurde." (Margaret Mead). Demokratie darf nicht die Diktatur der Gegenwart bedeuten, auf Kosten aller kommenden Generationen, die auch Repräsentanten und Schutz benötigen! In vielen Gesellschaften unserer Vorfahren waren die Interessen zukünftiger Generationen durch entsprechende Institutionen repräsentiert. Der Weltzukunftsrat hilft heute, für künftige Generationen parlamentarische Vertreter auf regionaler, nationaler und UN-Ebene zu etablieren.

Nach wie vor basieren Entwicklungsmodelle darauf, dass genügend natürliche Ressource zur Verfügung stehen, die um knappes Kapital konkurrieren. Aber Zentralbanken konnten in der Finanzkrise das notwendige Kapital schaffen, um die Banken innerhalb von Tagen zu retten.

Der Weltzukunftsrat hat gezeigt, wie mit der gleichen Methodik die notwendigen Investitionen zur Finanzierung des globalen Übergangs zu 100 % Erneuerbaren Energien, der Wiederaufforstung, der Wiederherstellung zerstörter Landflächen und anderer dringender nachhaltiger Entwicklungsziele schnell und ohne Inflation getätigt werden können. Eine weitere bahnbrechende WFC-Studie hat gezeigt, dass die Nichtnutzung des Potentials von Erneuerbaren Energien eine massive Verschwendung von Umweltkapital darstellt, was durch das Versagen unserer Bilanzierungssysteme verschleiert wird.

Vor über vierzig Jahren war der zweite Bericht an den Club of Rome nach „Die Grenzen des Wachstums" sehr klar in seiner Aussage, was wachsen kann. Der Bericht trägt den Titel „No Limits to Learning". Die Anzahl der Sprachen und anderer Fähigkeiten, die wir lernen können, ist nicht begrenzt. Unser inneres, immaterielles, soziales und kulturelles Wachstum ist nicht begrenzt.

Nach einem Beispiel für nachhaltiges Leben befragt, antwortet Chandran Nair vom *Global Institute for Tomorrow* (GIFT), ein Berater der chinesischen Regierung: „Weniger Autorennen und mehr Tanzwettbewerbe". Im Jahre 1957 gab Ludwig Erhard, der Vater des westdeutschen Nachkriegs-Wirtschaftswunders, auf die Zukunft angesprochen eine ähnliche Antwort. Er erwartete, dass sich die deutsche Gesellschaft mehr Zeit für Reflexion, Einkehr, Erholung und den Genuss des Lebens nimmt. Er hatte offensichtlich nicht erwartet, dass seine Nachfolger auch 50 Jahre später noch immer auf die Maximierung des BIP-Wachstums fixiert sein würden! Denn wie der britische Historiker Tony Judt schrieb: „Der materialistische und egoistische Charakter des gegenwärtigen Lebens ist nicht Teil der conditio humana. Vieles von dem, was uns heute ‚natürlich' vorkommt, stammt aus den achtziger Jahren des vorigen Jahrhunderts: die Obsession der Wohlstandsmehrung, der Kult der Privatisierung und des privaten Sektors, die wachsenden Unterschiede zwischen Arm und Reich. Und vor allem die Rhetorik, die damit einhergeht: die unkritische Bewunderung freier Märkte, die Verachtung für den öffentlichen Sektor, der Wahn des endlosen Wachstums" („Ill Fares the Land", 2012, S. 2).

In vielen Ländern ist heute eine Mehrheit bereit für den Wandel. Aber solange wir ihr keine bessere Alternative bieten, ist es möglich, dass sie sich für geschlossene und intolerante

Gesellschaften entscheidet. Wenn sie sich bedroht fühlen, können auch sogenannte zivilisierte Völker sehr schnell in Sündenbock-Denken und Barbarei verfallen, wie uns das vergangene Jahrhundert lehrt ...

Jede Institution muss ihre Aktivitäten, Programme und Regularien unter dem Aspekt des Klimakrieges überdenken und anpassen. Öffentliche und private Finanzierung muss neu ausgerichtet werden, um zu erziehen, zu mobilisieren und zu investieren, um zu gewinnen, bevor irreversible Wendepunkte erreicht werden.

In früheren historischen Zeiten des Umbruchs wurden religiöse Orden geschaffen, um eine Renaissance der Gesellschaften zu fördern. Im mittelalterlichen Europa legten die Mitglieder des Ordens der Tempelritter Armutsgelübde ab und widmeten sich dem Schutz der Pilger.

Heute wenden sich junge Menschen unterschiedlicher Religionen und Hintergründe aus vielen Ländern an den World Future Council, um Rat zu erhalten, was sie für die Erneuerung unserer Erde und eine blühende Zukunft tun können.

Die großen Weltreligionen lehren alle Treuhänderschaft, Rechenschaftspflicht, Gerechtigkeit auf der Erde, Verantwortung, Mitgefühl, Ehrfurcht und Eigenverantwortung. Das Christentum verlangt, dass wir die Natur respektieren und bewahren und demütig auf der Erde wandeln. Der Islam lehrt, dass die Respektlosigkeit gegenüber der Umwelt gegen Gott ist und der Koran drängt uns, „die Erde vorsichtig zu beschreiten" (25-63). Das Judentum ermahnt uns, die Schöpfung Gottes nicht zu zerstören oder zu verderben, „denn wenn du sie zerstörst, dann ist niemand nach Dir, sie wiederherzustellen". Der Hinduismus lehrt uns, die Erde nicht zu zerstören und nur das zu nehmen, was wir benötigen. Der Buddhismus unterstreicht unsere wechselseitige Abhängigkeit mit der Natur und bittet uns, künftige Generationen zu schützen.

Die materialistische Weltanschauung, die unserer gewinnorientierten Welt zugrunde liegt, hat einen bemerkenswerten materiellen Fortschritt ermöglicht. Aber diese Weltanschauung bringt nicht mehr, was sie verspricht. Sie kostet uns unsere Erde und sie befriedigt nicht unsere Suche nach Sinn.

Keine Zeit für Freunde und Familie zu haben, keine Zeit, den Sonnenuntergang zu genießen, durch unsere Verpflichtungen zu hetzen, ohne Zeit für einen besinnlichen Atemzug, das sei ein Vorbild für ein erfolgreiches Leben geworden, schreibt Thomas Friedman in *Thank you for being late* (2016).

Wir können uns entwickeln und wachsen, indem wir bewusster und erfahrener werden. Wir können unsere Lebensqualität durch Entkommerzialisierung und Enthaltsamkeit und unser inneres Wohlbefinden durch Entschleunigung verbessern.

Wurden wir gefragt? Natürlich nicht, weshalb man Politikern in demokratischen Ländern jetzt noch weniger vertraut als Versicherungsagenten und Werbetreibenden.[1]

Wir müssen eine Vision entwickeln, die zum Handeln motiviert, um gemeinsam die größte Herausforderung aller Zeiten zu bewältigen – die menschliche Zivilisation zu retten – und um unser Leben zurückzuerobern.

Wir müssen unsere Wirtschaften wieder unseren Gesellschaften unterordnen. Christian Felber, der österreichische Pionier der Gemeinwohl-Ökonomie, schreibt, in unseren sozialen Interaktionen und Freundschaften würden wir gedeihen, wenn wir menschliche Werte leben wie Vertrauensbildung, Ehrlichkeit, Wertschätzung,

---

[1] Dagegen genießen laut einer aktuellen Umfrage (*Financial Times*, 17.10.16) die politischen Führer in Singapur, den Vereinigten Arabischen Emiraten und Ruanda das größte Vertrauen; Länder, die, obwohl sie individuelle Freiheiten einschränken, von dortigen Mehrheiten offensichtlich als gut funktionierende Gemeinschaften gesehen werden!

Respekt, Zuhören, Empathie, Zusammenarbeit, gegenseitige Hilfe und Austausch. ‚Freie' Marktwirtschaften aber basieren auf Regeln der Konkurrenz und Profitmaximierung. Diese Anreize förderten Egoismus, Habgier, Eifersucht, Rücksichtslosigkeit und Verantwortungslosigkeit.

Das Undenkbare zu denken, ist der erste Schritt zum Gelingen. Die vor nicht allzu langer Zeit noch leeren Pilgerpfade und Klöster Europas sind überlaufen. Jugendliche in Japan wenden sich vom Konsum und den Maschinen ab und suchen „Erleuchtung". Und in Afrika und Lateinamerika fordern Milliarden Menschen Klimagerechtigkeit, während sie angesichts ständig schlechter werdenden Umweltbedingungen um ihr Überleben kämpfen und – sofern sie stark genug sind – sich auf den Weg in den reichen Norden machen. Die politischen Lösungen, die der Weltzukunftsrat identifiziert hat, können eine Energie- und Agroforstwirtschaftsrevolution lostreten und diesen Menschen eine Existenzgrundlage, Lebensunterhalt, Arbeitsplätze, Nahrung und Wasser bieten.

Unsere politischen Führungen beschreiten den Weg zunehmender finanzieller, ökologischer und sozialer Verschuldung, und führen uns in wachsende Konflikte, Mangel und gescheiterte Staaten.

Keine zurechnungsfähigen Eltern würden sich auf eine Reise begeben, die so gefährlich für ihre Kinder ist, wie diejenige, auf der wir uns jetzt befinden.

Wir wissen, was zu tun ist. Wir wissen, dass eine andere Welt möglich ist. Der World Future Council ist eine Initiative für pragmatische Realisten, die wissen wollen, wie wir dorthin gelangen.

World Future Forum 2013 in Bonn

1. Reihe, von links nach rechts: Matthias Kroll, Ingrid Heindorf, Anna Leidreiter, Suleika Reiners, Susanna Strano, Benjamin Woschek, Barbara Woschek, Janosch Woschek

2. Reihe: Gabija Venclovaite, Alice Vincent, Anna Oposa, Thais Corral, Rafia Ghubash, Dipal Barua, Sulak Sivarakska, Monique Barbut, Pauline Tangiora, Alexandra Wandel

3. Reihe: Verena Maaß, Anda Filip, Lorena Fischer, Herbert Girardet, Kehkashan Basu, Scilla Elworthy, Ibrahim Abouleish, Rama Mani, Frances Moore-Lappe, Anne Reis, Gudrun Heise

4. Reihe: Jakob von Uexküll, Fiona Bywaters, Tony Colman, David Krieger, Hafsat Abiola, Tewolde Berhan Egziaber, Katiana Orluc, Sir James Mancham, Maude Barlow, Barbara Doll, Ana Maria Cetto, Alexander Likhotal, Catherine Pearce, Barbara Seiller

5. Reihe: Ansgar Kiene, Sandor Fülöp, Hubertus Drinkuth, Stefan Schurig, Rolf Kreibich, Hans-Peter Dürr, Fiona Woo, Franz-Theo Gottwald, Rob van Riet

Dokumentationen

Die Gründungsversammlung des World Future Council 2007 in Hamburg mit den Ratsmitgliedern

1. Reihe, von links nach rechts: Cyd Ho, Rama Mani, Ylva Lindbergh, Marie-Claire Cordonier-Segger, Beate Weber, Bianca Jagger, Pauline Tangiora, Vandana Shiva, Scilla Elworthy, Maude Barlow, Prof. Rafia Ghubash

2. Reihe: Hans-Christof von Sponeck, Karin Taaipale, Tariq Banuri, Stephen Marglin, Katiana Orluc, CS Kiang, Judge Weeramantry

3. Reihe: Vithal Rajan, Manfred Max-Neef, Hans-Peter Dürr, Frances Moore-Lappe, Tewolde Berhan Egziaber, Prabu Ghubtara

Hinterste Reihe: David Krieger, Nick Dunlop, Tony Colman

World Future Council –
Der Weltzukunftsrat

Seit 10 Jahren Stimme für die Zukunft:
Der World Future Council feiert im Jahre 2017 offiziell sein 10-jähriges Bestehen und begeht dieses Jubiläum mit einem Festakt, bei dem der Blick auch noch einmal auf die bisherige Arbeit und die Erfolge gerichtet ist.

Der World Future Council (WFC) – zu Deutsch Weltzukunftsrat – geht auf eine Idee und Initiative von Jakob von Uexküll zurück, dem Gründer des Right Livelihood Award, hier auch bekannt als Alternativer Nobelpreis.

Die Hoffnung, dass die mit dem Alternativen Nobelpreis gewürdigten – auch als ‚Projekte der Hoffnung' bezeichneten – Initiativen und Arbeiten der Preisträger nach und nach als *Best Practices* von der Öffentlichkeit wahrgenommen und einen unmittelbaren Eingang in das Handeln von Entscheidungsträgern finden würden, erfüllten sich nach Ansicht Jakob von Uexkülls nur zum Teil. Und dies lag nicht allein an mangelndem Willen, sondern oft an einer bestehenden Gesetzgebung, die der Umsetzung vieler Vorhaben im Wege stand oder zumindest erschwerte. Wenn also die gegebenen politischen Rahmenbedingungen letzlich den Raubbau der Natur über deren Erhalt stellen oder die Banken nicht dem Menschen dienen, sondern die Menschen den Banken, dann läuft etwas verkehrt, so der Gedanke. Somit bedürfe es also weiterer, zusätzlicher Anstrengungen, um die politischen Rahmenbedingungen so anzupassen, dass sie den zukünftigen Generationen eine lebenswerte Welt hinterlassen. Dafür müssten für politische Entscheidungsträger Orientierungshilfen bereitgestellt werden und ein

Kanon anderswo erfolgreicher Gesetze und Initiativen, so genannte *Best Policies*, verbreitet und umgesetzt werden.

Denn obwohl heute mehr als in jeder anderen Epoche zuvor die Mittel zur Verfügung stehen, die großen Auswirkungen der industrialisierten Welt und der Globalisierung auf die Umwelt zu steuern und die Zukunft des Planeten zu sichern, sind Politik und Wirtschaft und ihre Entscheidungsträger nach wie vor eher von kurzfristigen Zielen geleitet. Die Stimme zukünftiger Generationen: sie fehlt heutzutage.[1]

Als Jakob von Uexküll diesen Gedankengang im Jahre 2004 in einem Radiointerview des Südwestrundfunks äußerte und einen Weltzukunftsrat skizzierte, war das die Initialzündung. Der Sender fragte sofort an, ob er die Versammlungen dieses Weltzukunftsrates übertragen könne. Und das Startkapital, das es Uexküll ermögliche, diesen Gedanken in die Tat umzusetzen, bekam er sozusagen direkt mitgeliefert. Ein deutscher Unternehmer spendete 200.000 Euro und wird mit den Worten zitiert: „Ich könnte nicht mit mir leben, wenn ich diesem Projekt keine Chance gäbe."

Mit diesem Geld errichtete Jakob von Uexküll mit einem kleinen Team erst die „Initiative für einen Weltzukunftsrat" und dann im Jahre 2007 in Hamburg die Stiftung World Future Council u. a. mit dem Zweck des „... Aufbaus und der späteren Tätigkeit des weltweiten World Future Council ..."

Über 2.000 Persönlichkeiten und Organisationen weltweit, darunter viele Parlamentsabgeordnete, wurden gebeten, die Gründung des Rates zu unterstützen und Ratsmitglieder vorzuschlagen.

---

[1] So gab es früher z. B. im vorkolonialen Indien den Rat der Seher in die Zukunft. Und die Ureinwohner in Nordamerika kannten das Prinzip der siebten Generation: Alle Beschlüsse des Stammesrates mussten auf ihre Folgen für die nächsten sieben Generationen überprüft werden.

Aus diesen Vorschlägen kristallisierten sich die 18 Gründungsmitglieder des World Future Council heraus, die seit 2007 weitere Ratsmitglieder gewählt haben. Alle Ratsmitglieder haben in ihren Ländern bereits positive Veränderungen bewirkt und engagieren sich ehrenamtlich für die Rechte zukünftiger Generationen.

Im Rahmen eines großen Festaktes am 10. Mai 2007 im Hamburger Rathaus nahmen die Gründungsmitglieder bei ihrem ersten konstituierenden Treffen die Arbeit auf und begründeten so den World Future Council.

In den 10 Jahren seit Bestehen hat der WFC viele wegweisende erfolgreiche Projekte auf den Weg gebracht und neue Partnerschaften eingehen können. International gilt er zunehmend als kompetenter Ansprechpartner und ‚Sachwalter' für die Interessen zukünftiger Generationen.

Zwei Jahre nach Gründung arbeiteten bereits 17 Mitarbeiter in fünf Büros auf drei Kontinenten für die Stiftung. Und der erste sichtbare Erfolg seines Einsatzes war der Erlass eines Energieeinspeisegesetzes im Bundesstaat Südaustralien nach dem Vorbild des deutschen EEG. Mit dem Climate Change Act 2008 und der EU Renewable Energy Directive 2009 hat sich auch Großbritannien verpflichtet, bis 2020 15 % seines Energiebedarfs aus Erneuerbaren Energien zu stellen und die Emission von Treibhausgasen bis 2050 um mindestens 80 % im Vergleich zu 1990 zu reduzieren. Dazu wurde im April 2010 eine Einspeiseverordnung (*feed in tariff regime*) in Anlehnung an das deutsche EEG eingeführt. Vergleichbare Gesetze u. a. in Südafrika, Japan und Taiwan (China) wurden auch vom WFC initiiert.

In den folgenden Jahren kamen weitere Arbeitsfelder und Partnerschaften hinzu. Gemeinsam mit dem kanadischen *Center for International Sustainable Development Law* arbeitete der WFC intensiv am Thema Zukunftsgerechtigkeit. So fand etwa die

Forderung des WFC, Verbrechen gegen zukünftige Generationen zum Straftatbestand zu machen, internationale Aufmerksamkeit.

Bregenzer Erklärung 2017 –
Aufruf zu einem gemeinsamen Bewusstsein

Wir, der World Future Council, wollen aktiv eine Systemveränderung vorantreiben.

Wir verpflichten uns, die Erneuerung unserer Gesellschaften voranzutreiben, unserer Wirtschaftssysteme, unserer Landwirtschaft, unserer Städte und unseres Umgangs mit unserer Mutter Erde. Dies ist besonders notwendig in diesen Zeiten, in denen alle diese Systeme vom Zusammenbruch bedroht sind.

Unser Handeln bzw. unser Nicht-Handeln entscheidet heute über die Zukunft der menschlichen Zivilisation.

Wenn Sie, wie wir, überzeugt sind, dass dies auch eine Zeit des Aufbruchs sein kann, wenn Sie, genau wie wir, zur Transformation beitragen wollen, wenn Sie, wie wir, die Notwendigkeit zu Erneuerung erkennen, dann machen Sie mit.

Wir – globale Change-Makers aus Regierungen, Parlamenten, Zivilgesellschaft, Hochschulen, Kunst und Wirtschaft – arbeiten mit politischen Entscheidungsträgern zusammen, um die Interessen künftiger Generationen in den Mittelpunkt der Politikgestaltung zu bringen. Trotz unserer sehr unterschiedlichen Hintergründe sind wir durch unsere gemeinsamen Werte verbunden: Verantwortung, Mitgefühl, Respekt, Vertrauen und unsere Fürsorge für die Umwelt.

Im Jahr 2010 wurde der erst ein Jahr zuvor vom WFC gegründete **Future Policy Award, der „Oscar für Gute Gesetze"**, auf einer Vertragsstaatenkonferenz der UNO zur Biodiversität vergeben. Seitdem wurde die Etablierung und der Ausbau von Partnerschaften mit der UNO und anderen internationalen Institutionen, wie beispielsweise Okeanos – Stiftung für das Meer oder der Global Environment Facility, weiter intensiviert.

Anfang 2017 vereinbarte der WFC eine weitere Kooperation mit den Vereinten Nationen. Zusammen mit der UNCCD, der UN-Konvention zur Bekämpfung der Desertifikation, wird der WFC Gesetze identifizieren und auszeichnen, die effektiv gegen Wüstenbildung und Landverödung vorgehen. Zum Abschluss des 10. World Future Forums, dem 10. Treffen des Rates 2017 in Bregenz, veröffentlichte der WFC die ‚Bregenzer Erklärung', in der die Ratsmitglieder den Klimawandel und nukleare Bedrohungen als existentielle und akute Gefahr für die Menschheit sehen.

Die Stiftung
Der World Future Council ist eine als gemeinnützig anerkannte rechtsfähige Stiftung bürgerlichen Rechts. Hauptsitz der Stiftung ist Hamburg. Daneben gibt es Niederlassungen in London, Basel, Genf und Peking. Organe der Stiftung sind der Vorstand, der Aufsichtsrat und natürlich der Rat mit seinen bis zu 50 Mitgliedern selbst. Die Stiftung beschäftigt derzeit 20 Mitarbeiter und wird vertreten durch ihren Vorstand, dem derzeit Alexandra Wandel, Stefan Schurig und Jakob von Uexküll angehören.

Die Tätigkeit des WFC finanziert sich aus Spenden.

Die Anfangs-Finanzierung wurde zu gleichen Teilen von der Freien und Hansestadt Hamburg sowie dem Unternehmer Michael Otto eingebracht. Über die Jahre gab es einige großzügige Einzelspenden – so z. B. von den Hamburger Reedern Bertram und

Erck Rickmers, die dem WFC im Rahmen ihres Jubiläums, 175 Jahre Rickmers in der Schifffahrt' 1 Mio. Euro übergaben. Neben diesen Großspenden, gibt es eine große Zahl von Spendern mittlerer und kleinerer Beträgen.[2]

> **Stiftungszweck laut Eintrag im Stiftungsregister der Freien und Hansestadt Hamburg**
>
> Förderung des Umweltschutzes, der internationalen Gesinnung und des Völkerverständigungsgedankens, von Wissenschaft und Forschung und von Bildung und Erziehung durch den Aufbau und der späteren Tätigkeit des weltweiten World Future Council. Die Zwecke werden insbesondere verwirklicht durch die Einrichtung und den Ausbau von Expertenkommissionen und Arbeitsgruppen; die Vergabe von Forschungsarbeiten zu den genannten Zwecken; die Veranstaltung von Hearings, Tagungen und Seminaren; die organisatorische und materielle Förderung der Errichtung von lokalen, regionalen und nationalen Zukunftsräten, um die Ziele des Councils auf allen Ebenen umzusetzen; die finanzielle und organisatorische Unterstützung von Programmen, Aktionen und Projekten, die im engen Bezug zu den Arbeitsgruppen und ihren Empfehlungen stehen; Information der Öffentlichkeit über die Arbeit des Councils.

Der Rat

Der Rat setzt sich aus bis zu 50 ehrenamtlichen Ratsmitgliedern zusammen. Ganz bewusst sollen diese Persönlichkeiten eine möglichst große Bandbreite der globalen kulturellen, wissenschaftlichen, wirtschaftlichen und politischen Vielfalt in ihren Biographien abbilden. Dieser Ansatz soll einen integrierten Ansatz und kreative Lösungen für die Probleme von heute befördern.

---

[2] www.worldfuturecouncil.org/spende, Spenden sind beim Finanzamt steuerabzugsfähig. Erbschaften und Vermächtnisse sind von der Erbschaftssteuer befreit.

Dem Rat gehören zurzeit u. a. an Monique Barbut (UN-Untergeneralsekretärin), Anders Wijkman (Vizepräsident des Club of Rome), die Physikerin Prof. Dr. Vandana Shiva (Gründerin der *Research Foundation for Science, Technology and Ecology*), Sulak Sivaraksa – Mitgründer des Netzwerks Engagierter Buddhisten und die Schauspielerin und Umweltaktivistin Daryl Hannah.

Einmal im Jahr tagt der Rat an jeweils wechselnden Orten, bewertet die Arbeit des zurückliegenden Jahres, trifft sich in Expertengruppen, erarbeitet Direktiven und legt das Arbeitsprogramm für das kommende Jahr fest, das dann zusammen mit den Mitarbeitern der Stiftung in Kommissionen umgesetzt wird.

Die Stiftung wird zudem von maximal 15 Ehrenratsmitgliedern repräsentiert, die vom Aufsichtsrat ernannt werden. Ehrenratsmitglieder sind z. B. Prof. Herbert Girardet, langjähriger Leiter des Programmbereichs des WFC und die Tierschützerin und UN-Friedensbotschafterin Jane Goodall.

Ratsmitglieder, Bregenz 2017
Hintere Reihe: Dr. Ashok Khosla, Julia Marton-Lefèvre, Prof. Alexander Likhotal, Dr. Katiana Orluc, Dr. Tony Colman, Dr. Scilla Elworthy, Dr. Rama Mani, Dr. Auma Obama, Dr. Sándor Fülöp, Francisco Whitaker Ferreira
Vordere Reihe (sitzend): Dr. h. c. Maude Barlow, Prof. Rafia Ghubash, Ja McAlpine, Dipal Chandra Barua, Pauline Tangiora, Vandana Shiva, Sulak Sivaraksa, Prof. Herbert Girardet, Prof. Ana María Cetto

Die Stimme zukünftiger Generationen
Der World Future Council versteht sich expressis verbis als Stimme zukünftiger Generationen. Dabei geht der WFC davon aus, dass überall auf der Welt bereits Lösungen oder Lösungsansätze für die existentiellen Probleme existieren oder entwickelt werden, also das Rad nicht neu erfunden werden müsse. Diese Lösungen, Werkzeuge der Transformation, müssten demnach ‚nur' identifiziert und konsequent eingesetzt werden. Nicht mehr das *Warum* des Status quo oder das *Was* des Zieles, einzig das *Wie* des Weges hin zu einem nachhaltigen und gerechten politischen Handeln ist der Arbeitsauftrag des WFC.

Als operative Stiftung – als Stiftung, die zur Erreichung ihrer Ziele auch eigene Projekte umsetzt – ist er ein Think-and-Do Tank. Dafür recherchiert er weltweit nach zukunftsgerechten Gesetzen und Politikansätzen, macht die besten Gesetze weltweit bekannt und bringt die handelnden Akteure aus verschiedenen Bereichen und Regierungsebenen zusammen. Der WFC fungiert hier als ein Enabler, der es den politischen Entscheidungsträgern ermöglicht, stets im Sinne von Nachhaltigkeit und Generationengerechtigkeit zu handeln.

Die Arbeitsbereiche des WFC
Bei dem ganzheitlichen Ansatz und den vielfältigen Interessen des WFC fokussiert der Council seine Arbeit zu den Themengebieten, Ökologie', Gleichheit und Gerechtigkeit', ‚Wirtschaft' und ‚Frieden und Sicherheit' in den folgenden Arbeitsbereichen.

- *Klima, Energie und Städte*
  Die WFC Kommission für Klima und Energie berät Regierungen in Städten, Regionen, Nationen und auf internationaler Ebene. Ein Politikdialog über Landesgrenzen und Sektoren hinweg wird ermöglicht und gefördert, speziell zu den Themen

Erneuerbare Energien und Regenerative Stadtentwicklung. Ziel ist es hierbei, politischen Entscheidungsträgern Handwerkszeug und Netzwerke zur Verfügung zu stellen, um die politischen Rahmenbedingungen für Klimaschutz, Urbanisierung und nachhaltige Energiesysteme, die auf 100 % Erneuerbaren Energien basieren, zu verbessern.

- *Stabile Ökosysteme*
Gemeinsam mit politischen Entscheidungsträgern sucht und verbreitet der WFC weltweit die besten politischen Lösungen, die der Zerstörung unserer Ökosysteme entgegentreten. Diese betrifft unter anderem Wälder, Ozeane, Süßwasservorkommen und den Boden. Der Future Policy Award hat mehrmals Gesetze ausgezeichnet, die entscheidende Ökosysteme schützen: Durch parlamentarische Anhörungen werden die besten Ansätze bekannt gemacht und den Gesetzgebern die Erkenntnisse des WFC näher gebracht.
- *Nahrungssicherheit*
Der WFC verbreitet politische Lösungen, die zu einer Beendigung von Hunger und Mangelernährung beitragen, einen nachhaltigen Umgang mit natürlichen Ressourcen fördern und auf ökologischen Prinzipien basieren. Er berät politische Entscheidungsträger weltweit und fördert und ermöglicht Süd-Süd Kooperation zur Ernährungssicherheit und ökologischer Landwirtschaft. Ziel ist es, Kapazitäten für die Steuerung und Koordinierung von Maßnahmen in politischen Institutionen und unter Entscheidungsträgern aus- und aufzubauen.
- *Zukunftsgerechtigkeit*
Die politischen Entscheidungen von heute bestimmen weitgehend, wie die Welt von morgen aussehen wird. Kinder, die in diese Welt hineingeboren werden, können jedoch nicht selber für ihre Rechte eintreten. Das Team für Zukunftsgerechtigkeit

arbeitet deshalb daran, die langfristigen Auswirkungen heutiger Entscheidungen zu analysieren und institutionelle Lösungen für zukunftsgerechte Entscheidungen zu finden. Generationengerechtigkeit und der Schutz langfristiger Interessen sollen zentral in der Politik verankert werden. Der WFC macht sich für ein Kommissariat für die Rechte zukünftiger Generationen stark, fördert alternative Indikatoren für die Messung von Entwicklung und Wohlstand und setzt sich dafür ein, dass Verbrechen gegen zukünftige Generationen geahndet werden.

- *Nachhaltige Wirtschaft*
  Der World Future Council identifiziert, entwickelt und verbreitet Politikvorschläge für Finanzmarktregulierung und Geldpolitik. Nachhaltige Wirtschaft braucht produktive und stabile Finanzmärkte sowie Finanzierung für den Klimaschutz. Die Befähigung der Zentralbanken, die Wirtschaft mit Geld zu versorgen, sollte dazu beitragen, produktive Investitionen und den Klimaschutz zu finanzieren, statt Finanzblasen zu fördern. Finanz- und Handelsregeln müssen eine nachhaltige Realwirtschaft fördern.
- *Frieden und Abrüstung*
  Der WFC Arbeitsbereich Frieden und Abrüstung arbeitet eng mit politischen Entscheidungsträgern und anderen Interessengruppen zusammen, um politische Lösungen gegen den Fortbestand von Massenvernichtungswaffen sowie gegen die Produktion und den Handel konventioneller Waffen zu verbreiten. Auch die verheerenden Auswirkungen explosiver Kampfmittelrückstände werden in das Bewusstsein der Öffentlichkeit gerückt. Dabei fördert der Austausch zwischen Ländern und Regionen Lösungsansätze mit dem Ziel, die besten Abrüstungsmaßnahmen über Ländergrenzen hinaus bekannt zu machen.

- *Kindergerechtigkeit*
  Das Projekt „Die Rechte der Kinder" setzt sich dafür ein, dass die fundamentalen Rechte von Mädchen und Jungen, wie sie in der UN-Konvention über die Rechte des Kindes verankert sind, umgesetzt und bekannt gemacht werden. Der WFC trägt dazu bei, indem er einige der weltweit besten politischen Maßnahmen, die bereits Kinderrechte umsetzen, hervorhebt und bekannt macht. In einem weiteren Schritt verbreitet er diese vorbildlichen politischen Maßnahmen, indem er den fachlichen und politischen Austausch zwischen den verantwortlich Handelnden in verschiedenen Ländern und Regionen fördert und praktische Methoden und Instrumente für ein schnelleres Handeln entwickelt.
- *Gewalt gegen Frauen und Mädchen beenden*
  Jede dritte Frau erlebt im Laufe ihres Lebens eine Form von Gewalt durch Männer. Diese Gewalt schränkt die Wahlmöglichkeiten und die Handlungsfähigkeit von Frauen und Mädchen ein. Sie untergräbt somit alle Bemühungen zur Schaffung von friedlichen und gerechten Gesellschaften. In Zusammenarbeit mit Parlamentarierinnen und Parlamentariern, politischen Entscheidungsträgerinnen und Entscheidungsträgern und Akteuren der Zivilgesellschaft identifiziert und verbreitet der WFC vorbildliche rechtliche und politische Maßnahmen, die effektiv die Gewalt gegen Frauen und Mädchen bekämpfen.
- *Rechte von Menschen mit Behinderungen*
  Die Arbeit des WFC zu den Rechten von Menschen mit Behinderungen konzentriert sich auf die weltweite Recherche und Förderung von Gesetzen und politischen Maßnahmen, die Menschen mit Behinderungen bessere Lebensbedingungen ermöglichen. Der WFC erarbeitet und stellt Informationen über Gesetze zur Verfügung, welche dem menschenrechtsbasierten

Ansatz bezüglich Behinderung entsprechen und diesen fördern. Das Wissen darüber verbreitet der WFC, in dem er international eine breite Vielfalt von Akteuren involviert – einschließlich Regierungen, Parlamentariern, Personal aus Verwaltung, NGOs, Behindertenverbänden, Stiftungen, Akademikern, dem privaten Sektor und den Medien – und in mehreren Sprachen arbeitet.

Die Projekte des WFC
Wie identifiziert der WFC die *Best Policies*? Und mit welcher Legitimation schlägt er diese den politisch Verantwortlichen als Handlungsmaxime vor? Hier verfolgt der WFC einen ganz pragmatischen Ansatz. Zunächst sucht er nach *Best Policies*, die bereits existieren und sich im Einsatz bewährt haben. Und – vielleicht besonders wichtig – sollen diese auf Prinzipien basieren, auf die sich die internationale Staatengemeinschaft bereits einigen konnte. Dies erhöht die Umsetzungsgeschwindigkeit bei der Einführung, da diese Gesetze zukunftsfähig sind und mit internationalem und lokalem Recht in größtmöglichem Einklang stehen.

Zukunftsgerechtigkeit
Die 192 teilnehmenden Staaten des *World Summit on Sustainable Development* (Weltkongress für Nachhaltige Entwicklung) einigten sich im Jahre 2002 auf die sieben Prinzipien zur Gesetzgebung für nachhaltige Entwicklung (*Seven Principles for Sustainable Development Law*). Diese Prinzipien wurden zuvor von der *International Law Association* in 10-jähriger akademischer Forschung erarbeitet und berücksichtigen die Komplexität der Herausforderungen unserer Zeit.

Bei der Identifizierung der *Best Policies* beruft sich der World Future Council explizit auf diese Prinzipien. Und auch bei der

Bewertung der für den Future Policy Award vorgeschlagenen Gesetze oder für die Zusammenstellung des *Global Policy Action Plan* finden diese Prinzipien ihre Anwendung.

Eine Kernforderung des WFC und seiner Kommission Zukunftsgerechtigkeit ist die Errichtung eines *UN Hochkommissariats für Zukünftige Generationen* und die Schaffung von Ombudsmännern oder entsprechender Stellen in lokalen Parlamenten, die die Rechte zukünftiger Generationen in Gesetzgebungsvorhaben vertreten.

Future Policy Award

Der *Future Policy Award* ist auf internationaler Ebene der erste Preis, der nicht Persönlichkeiten auszeichnet, sondern Gesetze. Mit dem Preis will der WFC weltweite Aufmerksamkeit für beispielhafte Gesetzgebungen schaffen, die die Schaffung besserer Lebensumstände für die jetzige und alle zukünftigen Generationen zum Gegenstand haben. Jedes Jahr steht dabei ein Thema im Mittelpunkt, bei dem nach Ansicht des Councils besonders dringlicher Handlungsbedarf besteht.

Der Preis wurde erstmals 2009 an das Programm für Nahrungssicherheit der brasilianischen Stadt Belo Horizonte verliehen. Mit Programmen zur Förderung von städtischer und stadtnaher Landwirtschaft, Tafeln, Volksküchen und Schulessen wurde die Kindersterblichkeit um 60 % und die Unterernährung um 75 % reduziert.

Mit dem Preis 2010 wurden herausragende Gesetze zur Erhaltung der Artenvielfalt auf der 10. Konferenz der Vertragsstaaten der UN-Konvention über die biologische Vielfalt (CBD) in Nagoya (Japan) prämiert.

Der Preis 2011 ehrte drei vorbildhafte politische Gesetze zur Erhaltung von Wäldern. Die Preisverleihung fand in New York

Brotpanzer des WFC auf dem Weltkongress für nachhaltige Entwicklung, Brasilien (Rio+20)

gemeinsam mit dem Waldforum der Vereinten Nationen (UNFF) und der Ernährungs- und Landwirtschaftsorganisation der Vereinten Nationen FAO statt.

2013 wurde er an den Vertrag von Tlatelolco über das Verbot von Kernwaffen in ganz Lateinamerika und der Karibik für die damit verbundene nachhaltige Abrüstung verliehen.

In 2017 ist der Preis für Gesetze zur Bekämpfung der Wüstenbildung und Landverödung ausgeschrieben.

Global Policy Action Plan

Basierend auf den Prinzipien der UN-Ziele für nachhaltige Entwicklung hat der WFC mit dem GPACT eine Methode entwickelt, die den politischen Entscheidungsträgern Anregungen, Leitlinien und Unterstützung in ihrer legislativen Arbeit bietet. Der *Global Policy Action Plan* (GPACT) – zu Deutsch: Globaler Politik-Aktionsplan – versucht nicht weniger als ein Handbuch für die Transformation, eine Roadmap zu einer globalen, gemeinsamen Zukunft zu sein.

Waffenabgabe, Argentinien 2006:
eingesammelte Gewehre werden vernichtet

In erster Linie für politische Entscheidungsträger und ihre Berater entwickelt, erleichtert GPACT als eine Art Baukasten die Umsetzung wegweisender politischer Reformen und unterstützt so die Einhaltung internationaler Verpflichtungen im Rahmen der globalen Nachhaltigkeitsziele der UNO (SDGs). GPACT legt den Schwerpunkt auf Lösungen, die dringendsten Probleme unserer Zeit angehen. Die innovativen und praxisnahen Lösungen stellen das Minimum an Maßnahmen dar, die zum Erhalt der Umwelt und für den Schutz der Rechte zukünftiger Generationen notwendig sind. GPACT ist eine Sammlung von verknüpften und bewährten politischen Reformen für eine nachhaltige, gerechte und friedliche Welt.

Jedes der sieben Themengebiete des Aktionsplans führt einzelne Gesetze, die dessen jeweiligen Ziele beispielhaft umsetzen. Für Frieden und Sicherheit und dessen formulierte Ziele wie Globale Nukleare Abrüstung, Umverteilung der Militärausgaben und Förderung einer Friedenskultur wird z. B. der 1987 in Neuseeland beschlossene „New Zealand Nuclear Free Zone, Arms Control and Disarmament Act" geführt und detailliert vorgestellt.

Best Policies des GPACT (Auswahl)

- *Lernen und Verantwortliche Regierungsführung*
  Einführung alternativer Indikatoren: Der Brutto-National-Glücks-Indikator von Bhutan, 2008
  Als Teil seiner Verfassung bemüht sich Bhutan, Bedingungen zu fördern, die die Verfolgung des Bruttonationalglücks ermöglichen. Es basiert auf vier Säulen: gute Regierungsführung, nachhaltige sozio-ökonomische Entwicklung, Bewahrung kultureller Werte und Schutz der Umwelt
- *Gleichheit und Würde*
  Sicherstellung, dass jedes geborene Kind ein gewolltes Kind ist: Finnlands Mutterschaftspaket, 1949
  Alle schwangeren Frauen erhalten in Finnland ein ‚Baby Starter Kit' mit Kleidung, Spielzeug und Empfängnisverhütungsmitteln. Das Paket hat werdende Mütter ermutigt, Schwangerschaftskurse zu besuchen und sich in Erziehungsfragen zu informieren und führte nach seiner Einführung zu einer Reduzierung der Säuglingssterblichkeit.
- *Frieden und Sicherheit*
  Freiwillige anonyme Rückgabe von Schusswaffen: Argentiniens Nationales Programm, 2006
  Förderung einer Kultur des Friedens mit dem Ziel, Konflikte gewaltfrei zu lösen. Hierdurch wurden mehr als 163.000 Schusswaffen eingesammelt und zerstört (Stand Februar 2015). Die Schusswaffen werden sofort im Beisein der Besitzer vernichtet.

Innovative Verbesserungen werden diskutiert, z. B. eine Steuer für Pistolenhersteller zugunsten des Gesundheitssystems. Ein weiterer Fokus des Programmes liegt in der Öffentlichkeitsarbeit mit Kampagnen über häusliche Gewalt, sowie pädagogische Aktivitäten für Kinder, die Spielzeugwaffen eintauschen können.

- *Klimastabilität*
  Entwicklung Regenerativer Städte: Mehr und mehr Städte setzen auf Erneuerbare Energien und haben sich das Ziel der Vollversorgung im Strom-, Transport- und Wärmebereich gesetzt. Prominenteste Beispiele sind Frankfurt am Main oder Vancouver in Kanada. San Franciscos hat auch ein 100 %-Ziel und darüber hinaus das *Zero Waste Programme* verabschiedet, was zu erheblich reduzierten Müllmengen geführt hat. San Francisco hält den nordamerikanischen Rekord für Recycling und Kompostierung mit einer Recycling Rate von 78 %. Die Stadt setzt eine umfassende Abfallmanagement-Strategie um, die Einzelhandel, Verpackungsindustrie, private Verbraucher, öffentliche Veranstalter und staatliche Beschaffung einbezieht.
- *Gesunde Ökosysteme*
  Schutz und Regeneration unserer Wälder: Ruandas Nationale Waldpolitik, 2004
  Die nationale Waldpolitik zielt darauf ab, die Forstwirtschaft zu einem Fundament der ruandischen Wirtschaft und des nationalen ökologischen Gleichgewichts zu machen. Seine Leitlinien sind, die negativen ökologischen Auswirkungen von Kulturwäldern zu reduzieren, eine Agroforstwirtschaft zu entwickeln, Schutzzonen zu errichten, alle Beteiligen in Entscheidungsfindungen einzubinden und gefährdete Pflanzenarten zu schützen.
- *Gemeinsamer Wohlstand*
  Desinvestition aus unethischem Verhalten: Die Richtlinien des norwegischen Pensionsfonds, 2004
  Im Mittelpunkt des norwegischen Modells für eine ‚Investition in Ethik' liegt die Auffassung, dass die Pensionskasse des Landes keine Investitionen tätigen sollte, die ein Risiko beinhalten,

zu unethischen Handlungen beizutragen, die zur Verletzung der Menschenrechte, grober Korruption oder schweren Umweltschäden führen.
- *Unternehmen und Design*
Ökologisches Design und nachhaltige Produktion: Abschnitt 6 des japanischen Energieeinsparungsgesetzes, 1998
Zur Verbesserung der Energieeffizienz von Haushaltsgeräten und Fahrzeugen, führte Japan gesetzliche Mindeststandards für Hersteller ein. Seitdem kooperieren Hersteller, Einzelhändler und Verbraucher in einer nationalen Bewegung zur Förderung energieeffizienter Produkte.

Der ausgearbeitete Plan wurde auf dem Ratstreffen 2012 in Abu Dhabi verabschiedet und 2013 zum ersten Mal direkt im persönlichen Kontakt mit der Zielgruppe vorgestellt im neuseeländischen Parlament in Wellington. Er ist verfügbar in englischer, französischer und spanischer Sprache als Download auf der Website *futurepolicy.org*.

Futurepolicy.org
Damit politische Entscheidungsträger und ihre Mitarbeiter auf der ganzen Welt so schnell und problemlos wie möglich auf bereits existierende, effektive Lösungen zugreifen und diese adaptieren können, hat der WFC mit der Website futurepolicy.org eine Online-Datenbank für zukunftsweisende Gesetze ins Leben gerufen.

AREA
Mit dem Ziel, Erneuerbaren Energien auch auf dem afrikanischen Kontinent den Weg zu ebnen und ein unterstützendes Framework bei der schnellen Umsetzung zur Verfügung zu stellen, initiierte der World Future Council die *African Renewable Energy Alliance*

> **Website futurepolicy.org**
>
> Diese Plattform bietet Nutzern die Möglichkeit, bestehende beispielhafte politische Lösungen zu entdecken, die eine nachhaltige Lebensweise fördern und bereits erfolgreich in einem oder mehreren Ländern umgesetzt wurden. Zusätzlich bietet die Seite Hintergrundinformationen, Gesetzestexte, Checklisten, Fallstudien und weitere Forschungsergebnisse und Analysen. Die Website ist anhand der sieben Themengebiete des GPACT strukturiert und bietet in ihrer Nutzerführung eine grafische Orientierung anhand dieser Struktur. Die Website ist öffentlich zugänglich und unter der Adresse futurepolicy.org zu erreichen.

AREA (deutsch: Afrikanische Allianz für Erneuerbare Energien).

AREA wurde im Oktober 2009 in Äthiopien gegründet und ist als Voluntary Association in Südafrika registriert. Mittlerweile gehören dem Netzwerk rund 2.000 Mitglieder aus 95 Nationen an; Einzelpersonen, Unternehmen und Institutionen.

AREA bietet eine Plattform für Gesetzgeber, Wirtschaft, Zivilgesellschaft und Wissenschaft, die einen Wissens- und Erfahrungsaustausch zu Technologien, Strategien und Finanzierungsmechanismen im Bereich der Erneuerbaren Energien ermöglicht. Die Mitglieder tauschen sich über das Web-Portal area-net.org sowie monatliche Telefonkonferenzen aus, treffen sich auf den jährlichen AREA-Konferenzen und Workshops und vertreten die Position ihres Netzwerks auf internationalen Meetings und Foren.

Als Teil ihrer Aufgabe, entwickelt die Allianz flexible Werkzeuge mit konkreten Handlungsempfehlungen zur Erreichung von Zielvorgaben bei den Erneuerbaren Energien. Dabei geht AREA insbesondere auf die speziellen Begebenheiten und Potentiale von Entwicklungsländern ein und fördert einen panafrikanischen Ansatz.

In ihrer gemeinsamen Erklärung haben sich die Mitglieder auf die Grundlagen ihrer Zusammenarbeit verständigt, 10 Zielvorgaben formuliert und einen Schwerpunkt auf die folgenden vier Kernpunkte gelegt:

- *Regierungsführung*
  Verantwortungsvolle Staatsführung (*Good Governance*) und Transparenz in den Entscheidungs- und Finanzierungsprozessen sind der Schlüssel, um lokale und ausländische Investoren anzuziehen.
- *Ausbildung und Wissen*
  Ausbildung zu und Wissen über Problemstellungen, Lösungen und verfügbarer Technologie auf allen Ebenen der Gesellschaft sind eine Grundbedingung für die erfolgreiche Implementierung von Strategien zur Einführung Erneuerbarer Energien.
- *Beschäftigung*
  Um lokal Beschäftigung zu fördern, sollen Lösungen an die marktgetriebene Entwicklung der jeweiligen lokalen Wirtschaft gekoppelt sein. Die Allianz wird eine nachhaltige Entwicklung der Erneuerbaren Energien durch den Aufbau von Kapazitäten sowohl auf panafrikanischer, regionaler, nationaler als auch auf lokaler Ebene sicherstellen.
- *Finanzierung*
  Die Finanzierung Erneuerbarer Energien in Entwicklungsländern benötigt Investitionssicherheit. Die Allianz untersucht innovative internationale, nationale und lokale Finanzierungsmechanismen für Vorhaben der Erneuerbaren Energien. So sollten die afrikanischen Staaten nach einem Vorschlag des senegalesischen Präsidenten einen Teil ihres Steueraufkommens bei den fossilen Energieträgern in einen panafrikanischen Fonds für Erneuerbare Energien einbringen.

Die Website von AREA ist unter: *area-net.org* zu erreichen.

Go 100 % RE – Global 100 % Renewable Energies
Die Kampagne Global 100 % RE ist ein weiteres Projekt des World Future Council. Der WFC hat die Kampagne 2012 ins Leben gerufen und bis Mitte 2017 koordiniert.

Global 100 % Renewable Energies (deutsch: globale 100 %-Erneuerbare Energien) wird von Partnern aus der Zivilgesellschaft, Industrie, Wissenschaft und Politik unterstützt und ist die erste weltweite Initiative, die für 100 % Erneuerbare Energien eintritt.

Um das Ziel einer 100 % Energieversorgung möglichst schnell zu erreichen, verfolgt die Initiative einen dezentralen, bürgernahen Ansatz. Die Kampagne möchte ein globales Bündnis der Befürworter – sozusagen eine Koalition der Willigen – aufbauen und eine internationale, gesellschaftliche Bewegung schaffen, dieses Ziel lokal zu verankern, ohne auf Entscheidungen auf nationaler oder internationaler Ebene warten zu müssen. Damit setzt *Go 100 % RE* auf das Engagement von Initiativen, die bereits auf nationaler, regionaler und kommunaler Ebene agieren und etabliert ein weltweites Netzwerk an Regionen, die sich das Ziel 100 % RE gesetzt oder es sogar bereits erreicht haben.

Städte wie Vancouver in Kanada, Malmö in Schweden oder Jeju in Südkorea sind in diesem Netzwerk dabei und jede Stadt und Region kann diesem Netzwerk beitreten, die sich dem 100 % RE-Ziel verschrieben hat und einen aktiven Austausch im Netzwerk befürwortet.

Auf der Weltklimakonferenz 2016 in Marrakesch haben sich zudem Vertreter aus den 48 vom Klimawandel am meisten betroffenen Staaten in einer gemeinsamen Erklärung an die Spitze der 100 % RE-Bewegung gesetzt.

Die Website der Kampagne ist unter: *http://go100re.net/* zu erreichen.

Future of Cities Forum

Bis zum Jahre 2050 werden zwei Drittel der Weltbevölkerung in Städten und Metropolregionen leben. Und schon heute müssen lokale Behörden und Stadtplaner in ihren Entscheidungen die Herausforderungen der sozialen Gerechtigkeit, des Klimawandels und der Ressourcenknappheit bedenken.

Nach Ansicht des WFC sind dazu neue Modelle in der Stadtentwicklung notwendig, die den Einsatz von Erneuerbaren Energien und eine beidseitig nützliche Beziehung zwischen Stadt und ihrem Einzugsgebiet, dem Hinterland, propagieren. Städte sollen nicht nur nachhaltig wirtschaften, sondern die von ihr benötigten natürlichen Ressourcen aktiv regenerieren: Nach dem Vorbild der Natur, in dem in einer Kreislaufwirtschaft Abfälle als neue Rohstoffquelle nutzbar gemacht werden.

Das Konzept der Regenerativen Stadt wurde auf Initiative des WFC zusammen mit einer internationalen Expertenkommission aus Stadtplanern, Klimawissenschaftlern, Vertretern der Vereinten Nationen, Politikern und Vertretern der Privatwirtschaft sowie der HafenCity Universität Hamburg – Universität für Baukunst und Metropolentwicklung – in den Jahren 2008 bis 2011 entwickelt. Technische Lösungen, die dieses Konzept unterstützen, existieren bereits; ebenso erfolgreiche legislative Instrumente und Modellstädte wie z. B. die Lutherstadt Wittenberg.

Um einen Dialog und Wissenstransfer zur Umsetzung der Regenerativen Stadt zu fördern, richtet der WFC seit 2011 gemeinsam mit Partnern wie dem UN-Habitat-Programm der Vereinten Nationen das Future of Cities Forum aus (deutsch: Zukunft der Städte-Forum). Das jährliche Treffen bringt Stadtplaner und Stadtverwaltungen aus den unterschiedlichsten Regionen und Städten dieser Welt zusammen. Die Teilnehmer profitieren so vom Erfahrungsschatz anderswo bereits erfolgreich umgesetzter

Konzepte, informieren sich aus erster Hand über die konkreten Lösungen in den Konferenzstädten und beraten gemeinsam Strategien der Adaption dieser Konzepte in ihren Herkunftsregionen.

Nach den Olympischen Spielen 2008 in Peking, die das Problem der Luftverschmutzung großer Städte vor einem weltweiten TV-Publikum sichtbar machte, nimmt China mittlerweile eine führende Rolle in der Entwicklung so genannter grüner Städte ein. Konsequenter Weise findet das Future of Cities Forum nach Stationen in Delhi, Dubai, Hamburg und München mittlerweile in Tianjin, China statt, einer Küstenstadt ca. eine Stunde von Peking entfernt. Tianjin ist eine der Wachstumsregionen in China, ist Pilotregion für viele Entwicklungen auf dem Gebiet von Ökostädten und fördert eine starke, hochentwickelte Grüne Industrie als Kern ihrer Wirtschaft.

Das Thema des Future of Cities Forum in 2016 war ‚Sponge Cities', ein Konzept in dem die Stadtfläche nicht durchgängig versiegelt ist, sondern wie ein Schwamm z. B. Regenwasser als nachhaltige Quelle für die Trinkwasserversorgung nutzen kann.

Die Website des Future of Cities Forum ist unter: *www.futureofcitiesforum.com* zu erreichen.

The Right Livelihood Award 2009, Pressekonferenz

„Nach Meinung der schwedischen Regierung sind der Zweck und die Arbeit der Stiftung in so hohem Maße gemeinnützig und eine so bedeutende nationale Angelegenheit, dass die Mittel der Stiftung nicht besteuert werden sollen."

Begründung der schwedischen Regierung vom 9. Mai 2005 zur Zuerkennung der Gemeinnützigkeit

The Right Livelihood Award – Der „Alternative Nobelpreis"

Der von Jakob von Uexküll 1980 ins Leben gerufene Right Livelihood Award – auch als Alternativer Nobelpreis bekannt – zeichnet seit seiner Gründung „Projekte der Hoffnung", ihre Initiatoren und Aktivsten aus, die es sich zur Aufgabe gemacht haben, Frieden zu stiften, die Natur zu schützen und Leben zu bewahren – in vielen Fällen sogar unter Einsatz ihres eigenen Lebens. Die Ehrung und der Preis verschafft Ihnen und ihrer Arbeit eine Öffentlichkeit, verhilft ihnen zu internationaler Anerkennung und verleiht ihnen mit dem Preisgeld finanzielle Mittel, ihre Arbeit auszubauen und zu verbreiten.

Die Right Livelihood Award Stiftung
Ende der 1970er Jahre bot der deutsch-schwedische Journalist und Philatelist Jakob von Uexküll der Nobelstiftung in Stockholm an, einen Preis für Umwelt und Gesellschaft zusätzlich zu den anderen Preiskategorien zu etablieren.

Er ging davon aus, dass viele Lösungen zu gravierenden globalen Problemen bereits existierten; nur nicht ausreichend bekannt und dadurch nicht verbreitet seien. Durch eine Preisvergabe könne man das ändern. Zudem war er der Auffassung, dass die Disziplinen zu begrenzt und zu sehr auf die Interessen der Industrieländer zugeschnitten seien. Die Nobel-Stiftung ließ sich jedoch nicht überzeugen, neue Preise auszuloben.

Daraufhin gründete er eine gemeinnützige Stiftung nach schwedischem Recht, den Right Livelihood Award, und finanzierte das Startkapital aus eigenen Mitteln.

Die von ihm initiierten Preise sieht er als Weiterentwicklung, als Modernisierung der bestehenden Nobelpreise unter dem Leitgedanken, dass „der Preis denen zugeteilt wird, die im verflossenen Jahr der Menschheit den größten Nutzen geleistet haben".

1980 wurden die ersten Preise in einem angemieteten Saal vergeben, fünf Jahre später erfolgte die Einladung ins schwedische Parlament.

In dieser Zeit wurde der Preis auch bekannt als der „Alternative Nobelpreis".

Im Jahr 2016 fand die Preisvergabe zum ersten Mal seit 1985 nicht im schwedischen Reichstag statt, angeblich aus Platzmangel, aber nach Meinung vieler Beobachter aufgrund von Druck aus den USA, aufgrund der Preisverleihung an Edward Snowden im Jahr 2014.

Im Laufe der Zeit erweiterte sich der Stiftungszweck auf die Förderung von Forschung und Bildung, auf Öffentlichkeitsarbeit und Kommunikation der Initiativen und Projekte in verschiedenen Teilen der Welt, Präsenz in sozialen Medien, Organisation von Zusammenkünften zum gegenseitigen Austausch der Preisträger und Unterstützung von Preisträgern, die in ihren Heimatländern wegen ihrer Arbeit bedroht werden.

Die Stiftung finanziert sich aus Spenden. Unterstützer sind deshalb sehr willkommen. Spender, die mehr als 4000 Euro stiften, bilden den Circle of Friends, einen Freundeskreis, der zurzeit aus 34 Personen und 6 Organisationen besteht. Sie nehmen auch an den Preiszeremonien teil und unterhalten Kontakt zum Netzwerk.

Der Vorstand und die Jury
Der Right Livelihood Award ist offen für alle Vorschläge. Anstelle einer Vorauswahl durch die Jury hat jeder die Möglichkeit, Vorschläge für den Alternativen Nobelpreis einzureichen.

Dieser offene Nominierungsprozess schafft nicht nur Gerechtigkeit und Universalität, sondern bildet auch jedes Jahr aufs Neue ab, welche Themen und Probleme weltweit als die wichtigsten wahrgenommen werden. Das bedeutet, dass kleine effektiv arbeitende Organisationen aus der sogenannten Dritten Welt die gleichen Chancen haben, vorgeschlagen zu werden, wie bereits bekannte Projekte und Initiativen aus den Industriestaaten.

Jury des Right Livlihood Award, 2016
Der Jury 2016 gehörten an Marianne Andersson (Schweden), Nnimmo Bassey (Nigeria), Thais Corral (Brasilien), Paul Ekins (Großbritannien), Anwar Fazal (Malaysia), Monika Griefahn (Deutschland), Juliane Kronen (Deutschland), Rama Mani (Indien), Anne Rüffer (Schweiz), Jakob von Uexküll, Ole von Uexküll.

Etwa 100 Vorschläge für Personen und Organisationen aus aller Welt gehen bei der Stiftung jährlich ein. Die Stiftungsmitarbeiter führen Recherchen durch, auch vor Ort, anschließend wählt die internationale Jury die Preisträger aus. Im September des jeweiligen Jahres gibt sie dann die Preisträger bekannt, was besonders im deutschen Sprachraum in den Medien mit Interesse begleitet wird. Organisatorisch setzt sich die Jury aus Mitgliedern des Vorstands der Stiftung und weiteren Persönlichkeiten zusammen, die von der Stiftung jährlich neu eingeladen werden. Durch die wechselnde Zusammensetzung der Jury ist Vielfalt von Fachwissen und Erfahrungswerten gewährleistet. Zudem kommen die Jurymitglieder auch aus verschiedenen Berufen und Regionen der Welt, um allen Nominierten gerecht zu werden.

Der Preis und die Preisträger
Seit 1980 wurden 162 Personen und Organisationen mit dem „Alternativen Nobelpreis" ausgezeichnet. Sie alle sind der Beweis dafür, dass es möglich ist, mit Mut, Tatkraft und Kreativität unlösbar scheinende Probleme meistern zu können.

Die bemerkenswertesten Projekte sind auch oftmals solche, die sich nicht klassifizieren lassen. Insofern ist der Alternative Nobelpreis nicht in Kategorien unterteilt, und das eröffnet die Möglichkeit, Projekte mit themenübergreifendem Charakter auszuzeichnen. Die Preisträger kommen aus den verschiedensten Bereichen sowohl geografisch als auch thematisch. Die bisher ausgezeichneten Initiativen und Projekte stehen für:

- Schutz der Umwelt
- nachhaltigen Umgang mit Naturressourcen
- Menschenrechte
- soziale Gerechtigkeit
- Frieden und Abrüstung
- Armutsbekämpfung
- Rechte von Minderheiten
- kulturelle und geistige Erneuerung

Weitere Projekte befassen sich mit Problemen der Globalisierung, Landwirtschaft und Ernährung, Kinderschutz und -rechte, Bildung, Alternative Technologien und neue Wirtschaftsmodelle.

Die Right Livelihood Award Stiftung begleitet die Ausgezeichneten weiterhin bei ihrer Arbeit[1] und informiert die Öffentlichkeit über die Probleme und Missstände, die nach wie vor bestehen, wie z. B. Kriegstraumata, die über Jahrzehnte nicht ausgeheilt sind.

2016 wurde der Alternative Nobelpreis u. a. an die Organisation *Weißhelme* in Syrien verliehen, die ihr Leben riskieren, um Mitmenschen nach Bombenangriffen aus den Trümmern zu retten, im Jahr zuvor an den italienischen Arzt Gino Strada für seinen mutigen Einsatz für Kriegsopfer in den Krisenherden der Welt.

Weißhelme im Einsatz in Syrien

Für ihren unerschrockenen und investigativen Journalismus wurde 2016 auch die türkische Zeitung Cumhuriyet, deren Journalisten wegen ihrer Berichterstattung verhaftet wurden, ausgezeichnet. Im Jahr 2014 für Pressefreiheit u. a. der frühere CIA-Mitarbeiter Edward Snowden, der die Öffentlichkeit weltweit über die

---

[1] Die Webseite der Right Livelihood Award Foundation berichtet z. B. auch laufend über Neuigkeiten zu Preisträgern früherer Jahre, nicht nur zu den aktuell Ausgezeichneten.

Überwachungs- und Spionagepraktiken von Geheimdiensten informierte, ebenso wie der britische Journalist Alan Rusbridger.

Preisträger, Right Livelihood Award 2016: Swetlana Gannuschkina, Vertreterinnen von Cumhuriyet, Vertreter der syrischen Weißhelme

Die Right Livelihood Award Stiftung fördert und begleitet den Austausch der Preisträger untereinander und es kommt auch hin und wieder zur Zusammenarbeit zwischen den Preisträgern. So

Preisträger, Right Livelihood Award 2014: Alan Rusbridger, Asma Jahangir, Basil Fernando, Bill McKibben

startete z. B. die britische Tageszeitung der *Guardian* mit seinem damaligen Chefredakteur Alan Rusbridger eine neue Serie zum Klimawandel, „die größte Bedrohung für die Menschheit"; die Idee dazu entstand durch die Begegnung mit dem Preisträger und amerikanischen Umweltaktivisten und Buchautor Bill McKibben während der Auszeichnung 2014 in Stockholm.

Solche Beispiele der Zusammenarbeit befördern nicht nur die Solidarität unter den Ausgezeichneten, sie schaffen auch das Bewusstsein für politische Zusammenhänge: So hebt z. B. der Preisträger aus Paraguay von 2002, Martín Almada, in seinem Text „Snowden and me" die Verbindung zwischen seiner Kritik an der US-Spionage in Südamerika in den 1970ern und der Aufdeckung der Massenüberwachung durch Edward Snowden, den Preisträger aus dem Jahr 2014, heraus.[2]

Die Preise werden jedes Jahr im Dezember verliehen. In der Regel geht der Preis an vier Preisträger, sie teilen sich ein Preisgeld von insgesamt 3 Millionen schwedischen Kronen (SEK). Das Preisgeld ist eine finanzielle Unterstützung für die Arbeit der Preisträger. Zusätzlich wird häufig auch ein undotierter Ehrenpreis vergeben für Menschen, deren Arbeit die Jury honorieren möchte, deren Initiative aber nicht unbedingt monetäre Hilfe benötigt.

Wichtiger als die finanzielle Unterstützung ist in den meisten Fällen die Aufmerksamkeit, die der Preis den Ausgezeichneten verschafft. Unter den Preisträgern finden sich viele Menschen und Organisationen, deren Namen bis zur Ehrung kaum bekannt waren. Die öffentliche Wahrnehmung stärkt ihre Position in den Heimatländern. Die Beachtung macht es zudem möglich, das Wissen und die praktischen Lösungsansätze der Preisträger international zu verbreiten.

---

[2] Nachzulesen unter http://www.rightlivelihoodaward.org/media/almada-snowden-parallel-lives/.

Aber auch bereits prominente Persönlichkeiten erhielten die Auszeichnung, meist den undotierten Ehrenpreis.

Zu ihnen gehören u. a. die schwedische Schriftstellerin Astrid Lindgren, die deutsche Grünen-Politikerin Petra Kelly, der Solarenergie-Experte Hermann Scheer, der Zukunftsforscher Robert Jungk oder Bianca Jagger.

Öffentlichkeit bedeutet für bedrohte Preisträger zusätzlich einen wichtigen Schutz. Denn viele der ausgezeichneten Projekte und Initiativen stellen sich mächtigen Interessen entgegen und dabei riskieren einige von ihnen in nicht-demokratisch regierten Ländern Freiheit und Leben. Zwei der Preisträger – Ken Saro Wiwa aus Nigeria und Munir aus Indonesien – wurden aufgrund ihrer Arbeit ermordet.[3] Daher unterstützt die Stiftung die bedrohten Preisträger in besonderer Weise. Zusammen mit ihnen hat sie individuelle Notfallmaßnahmen entwickelt, die eine schnelle Reaktion in Krisensituationen ermöglichen. Außerdem finanziert die Stiftung gefährdeten Preisträgern Sicherheitskosten und organisiert Solidaritätsbesuche. Sie setzt sich insgesamt für ihre Preisträger ein, beispielsweise auch mit Protestnoten, wie kürzlich an den ägyptischen

Preisträgerin Mozn Hassan, zugeschaltet bei der Preisverleihung 2016

Staat, der das Vermögen der Preisträgerin von 2016, Mozn Hassan, einer ägyptischen Frauenrechtlerin, der auch die Ausreise nach Stockholm zur Preisverleihung verboten wurde, eingefroren hat.

Das Right Livelihood College

Das 2009 ins Leben gerufene Right Livelihood College trägt dem Wunsch vieler Preisträger Rechnung, ihr Wissen und ihre Erfahrungen weiterzugeben. Zudem dient es der Stiftung zur Erweiterung ihres Netzwerks und der Schaffung und dem Ausbau vielfältiger Kooperationen mit Partnerprojekten. Derzeit gibt es sieben Standorte an Universitäten auf fünf Kontinenten.

Die an das jeweilige College als Campus angeschlossenen Institute sind eigenständig, kooperieren aber eng mit dem Zentrum für Entwicklungsforschung an der Universität Bonn und der Right Livelihood Award Stiftung in Stockholm.

Weiterführende Informationen über alle Preisträger seit 1980, ihre Biografien und die ausgezeichneten Projekte sind zu finden unter www.Rightlivelihoodaward.org.

---

[3] Ken Saro-Wiwa war Schriftsteller, Fernsehproduzent und ein nigerianischer Bürgerrechtler, er setzte sich in seiner Heimat für Umweltschutz und Menschenrechte ein. 1989 gründete er die Organisation *Movement for the Survival of the Ogoni People* (MOSOP; „Bewegung für das Überleben des Ogoni-Volkes"). Die nigerianische Militärregierung verhaftete ihn 1994. In einem Schauprozess wurde Saro-Wiwa zum Tode verurteilt. Während seiner Haftzeit vor der Urteilsvollstreckung erhielt Saro-Wiwa den Right Livelihood Award (1994) sowie den Goldman Environmental Prize (1995).
Munir Said Thalib, bekannt geworden unter seinem Vornamen Munir, war ein indonesischer Menschenrechts- und Anti-Korruptions-Aktivist. Im Jahr 2000 ehrte ihn die Stiftung mit dem Right Livelihood Award, vier Jahre später auf einem Flug von Indonesien in die Niederlande wurde er ermordet. Dem Hinweis, der Täter habe auf Anweisung des Geheimdienstes gehandelt, ging die Justiz nicht nach.

Quellennachweis

Die Kapitel dieses Buches basieren auf folgenden von Jakob von Uexküll gehaltenen Vorträgen:

Menschen von Morgen: Heidelberg, 5. Dezember 2015, (Originalsprache Deutsch)

Die Zukunft gestalten: „Opening Speech", World Future Forum Hamburg, 5. März 2016, (Originalsprache Englisch)

Die Rückeroberung der Zukunft: Breakthrough – How to claim back our future, International Peace Bureau World Congress, Berlin, 2. Oktober 2016, (Originalsprache Englisch)

Die Rolle Europas: „Europa wertvoll", Schloss Seggau, Seggauberg/ Steiermark, Österreich, Pfingstdialog Geist & Gegenwart, 20. Mai 2015, (Originalsprache Deutsch)

China am Scheideweg: China at the Global Crossroads, Juli 2014, (Originalsprache Englisch)

Die Zukunft der Städte: Future of Cities Forum, 15. September 2015, (Originalsprache Englisch)

Wissenschaft und Spiritualität: Science and Spirituality: Observations from a battlefield, World Academy of Arts and Science, September 2013, (Originalsprache Englisch)

Digitale Welten: Speech at DLD-Conference München (Rede zur DLD-Konferenz, München), 18.-20. Januar 2015, (Originalsprache Englisch)

Die Verantwortung der Richter: Keynote Speech World Judicary Summit (Grundsatzrede beim Welt-Richter-Gipfel), Lucknow, Indien, 14. Dezember 2013, (Originalsprache Englisch)

Zeit der Konsequenzen: A period of consequences – College of Europe, 19. Juni 2015, (Originalsprache Englisch)

Jakob von Uexküll im Interview: Geringfügig gekürzte Fassung gegenüber dem Original. © Bayerischer Rundfunk. „alpha-Forum" vom 9. Juli 2014 und vom 7. September 2016

Ausblick: World Future Forum 2017, Bregenz, Österreich 30. März 2017, (Originalsprache Englisch)

Bildnachweis

Vorwort: Foto: Auma Obama, © WFC

Menschen von Morgen: Foto: Waisenhauskind, Quelle: Pixabay, gemeinfrei

Die Zukunft gestalten: Fotos: World Future Forum, Tagung Bregenz 2017, © Kongresskultur Bregenz. Foto: Dietmar Mathis.

Die Rückeroberung der Zukunft: Foto: Ausschnitt aus einem offiziellen „cynnal cymru – sustain wales" Video, https://vimeo.com/147456627

China am Scheideweg: Foto: Huang Ming im Solar Valley, © alamy stock

Die Zukunft der Städte: Foto: Future of Cities Forum, © sellingpix / Adobe Stock

Wissenschaft und Spiritualität: Foto: Ina May Gaskin, © David Frohman

Digitale Welten: Foto: Right Livelihood Award 2014, © RLA Foundation

Die Verantwortung der Richter: Foto: Christopher Weeramantry, © World Future Council

Zeit der Konsequenzen: Foto: Preisverleihung, Bill McKibben mit Jakob von Uexküll, Right Livelihood Award 2014, © Wolfgang Schmidt

Jakob von Uexküll im Interview: Foto: Future Policy Award 2015, © WFC

Ausblick: Foto: WFC-Vertreter, World Future Forum 2017, Bregenz / Österreich 2017, © Kongresskultur Bregenz. Foto: Dietmar Mathis.

WFC-Dokumentationstext:
Foto 1: WFC-Ratsmitglieder, Founding Congress, 2007, © Christian Kaiser, WFC
Foto 2: WFC-Ratsmitglieder, Tagung Bregenz 2017, © Kongresskultur Bregenz. Foto: Dietmar Mathis.
Foto 3: Brotpanzer, Rio+20, © Foto: Lunae Parracho
Foto 4: Waffenabgabe, © WFC
Foto 5: Regenerative Cities in China 2016, © WFC

RLA-Dokumentationstext:
Foto 1: Pressekonferenz The Right Livelihood Award 2009, © Karl Gabor
Foto 2: RLA-Jury 2016, © Buchinger Wilhelmi
Foto 3: *Weißhelme* im Einsatz in Syrien, ® Syria CivilDefence
Foto 4: The Right Livelihood Award 2016, Preisträger, © Wolfgang Schmidt
Foto 5: The Right Livelihood Award 2014, Preisträger, © Wolfgang Schmidt
Foto 6: Mozn Hassan, The Right Livelihood Award 2016, Preisverleihung, © Wolfgang Schmidt
Foto 7: Right Livelihood College, Mumbai, © Right Livlihood Foundation

Weitere Bücher zum Thema

„Ich glaube, die meisten Menschen wollen nicht auf Kosten ihrer Kinder und Enkel leben. Das ist ein universaler Wert aller menschlichen Gemeinschaften. Jetzt müssen wir auf diesen globalen Notstand reagieren".

Jakob von Uexküll gegenüber dem Stern

Jakob von Uexküll
„Das sind wir unseren Kindern schuldig"
2. Auflage 2012
120 Seiten, Broschur,
ISBN 978-3-86393-007-3

Jakob von Uexküll legt hier die Grundlagen seines Denkens und Handelns für einen fairen und nachhaltigen globalen Wandel dar.

Herbert Girardet (Hg.)
Zukunft ist möglich
Wege aus dem Klima-Chaos
Mit einem Vorwort von Jakob von Uexküll
360 Seiten, Hardcover
ISBN 978-3-434-50606-5

Herbert Girardet, Mitbegründer des World Future Council hat die Analysen international renommierter Experten zur drohenden Klimakatastrophe in einem umfassenden und hochbrisanten und perspektivreichen Sachbuch zusammengeführt.

Mathis Wackernagel, Präsident des Global Footprint Network in Oakland/Kalifornien und Bert Beyers
FOOTPRINT
Die Welt neu vermessen
2. aktualisierte Neuausgabe 2016
ISBN 978-3-86393-074-5

Ressourcenknappheit ist die zentrale Herausforderung des 21. Jahrhunderts. Dieser Band vermittelt anhand von Beispielen, Erfahrungsberichten, Statistiken und Grafiken eine umfassende Bestandsaufnahme unserer Ressourcensituation weltweit.